はじめに

　消防の三種の神器といえば、「消火器具」、「破壊器具」そして「はしご」だろう。

　本書では、その中の「消火器具」と「はしご」の使い方について紹介する。

　消火器具についてはポンプからノズルを全体像としているが、取り分けて消火器具の大部分を占める消防用ホースの取り扱いに着目した。

　消防用ホースは性質上、粗野に力任せで使われる傾向にあるが、そうではない。使いこなすためには事前知識を基に判断力を備え、使用したい。

　過去の事例を探求し、新しい知識を用いて使い方を確認し、効率的に稼働させることで消防隊員の労務負担の軽減と迅速確実な消火法に変換している。換言すると消防用ホースの長さや重さに翻弄されることなく使いこなしてほしい。

　一方、はしごは他の神器よりもはるかに古く、高い所へ上がるための手段としてなくてはならない道具である。その重要性は歴史が物語っており、活動の範囲が広くなることはいうまでもない。しかし、使い方を誤れば大失態を招く結果となる諸刃の剣のような側面を持っているため、その危険性から特にかぎ付きはしごは「もしものために使うモノ」と位置づけられ、封印に近い使い方をする部隊も増えているようである。

　消防活動研究会では、高所について消防活動の観点から言及し、はしごに積極的な行動対策を施しながら使いこなす事に成功しているので、実戦と訓練の違いに気付いている方は興味深く読んでもらえると期待している。

　破壊器具については、「火災救助対策ドア開放マニュアル」（東京法令出版刊）で余すことなく紹介しているので参考にしてもらえれば、その重要性は語るに足りるだろう。

　消防の三種の神器として挙げた「消火器具」、「破壊器具」、「はしご」は一個体であっても奥深く、色濃い器具だ。しかし、基礎教育で教わる取扱い要領は正に「さわる」程度に過ぎない。だからこそプロとして成熟した使い方を会得する必要が不可欠となる。

　そして、現状の高性能で軽量化された神器たちをかけ合わせた活動は、底知れぬ能力を秘めている。この力を解放できるのは独りではなく、部隊活動だと考えている。

　その始めの一歩は、私たち消防隊員が有事の際に迎え撃つ敵にどこまで抗えるかから始まり、どのくらい道具を使いこなす自信を持っているかが求められている。

　「知らない」と「出来ない」は同じことなので後悔すら生まれない。「自信がない」のならば後悔するだろう。「自信がある」状態ならばどのような出番が来ようともいずれ力を成すだろうと確信している。

消防活動研究会

Open D Lab
〜活路を見出せ〜
【Twitter：@OpenDLab】

JN009659

【ご利用にあたっての注意】

CONTENTS

本書の活用方法

　本書は第１章から第６章とコラムで構成している。

　第１章は段取りこそが消防活動であると捉え、実務において日ごろからの積み重ねや心構えを唱えており、即応体制の事前準備を表現している。

　第２章では消火活動の根幹に位置する元側ホースの延長法について述べている。この部分は考えて行う部分ではなく、身体がそのように動くものとして捉える部分だ。後に構える消火や救助活動の手前で力尽きることのないように無駄な力を排除し、色々なホース延長法を身に付けておこう。

　第３章の先側ホースにおいては狭所ホースという事前準備を施す方法を取り入れることで有益な方法を紹介している。効率性を高めている取り組みにも着眼してほしい。

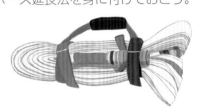

　第４章は高所に上がるための心得を説いており、四肢の使い方を再確認してもらう。まずは、教養として身体にしみ込ませてほしい。

　第５章から第６章は今まで触れられてこなかった立体消火法の基礎となるはしご活動を細かく紹介している。これを表現することが出来たのは、火災対応（現場活動最優先）の観点からだろう。火災現場での危険な活動を振り返り、そのロジックを探り、見つけ出した研究結果をお伝えしている。現状で装備している資機材を如何なく発揮できるようになっていただけたら幸いだ。

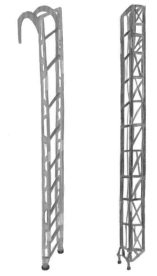

　コラムについては技術書からは伝えられない著者の考え方を表現している。

　本書はどこの消防本部にもある汎用性の高い資機材を徹底して掘り下げている。そして、事前対策や段取り、効率的活動など消防活動の基盤となる部分を手厚く盛り込んでいるので読み進めてもらうだけでも消防活動における頑丈な土台が出来上がるだろうと考えている。

　さらに本書では紹介した技術などを動画でも紹介している。動画を確認してもらえればわかるだろうが、何度も撮影して良いモノをあげているのではない。火災現場同様に何の気負いも衒^{てら}いもなく１回撮りがベースだ。

　文章だと難しいイメージを持ってしまう方もいるだろうが、「百読は一見に如かず」だ。動画はスピード感はないように見えるが実災害中であれば掲載している動画が最速だと自負している。少しの時間で体得できる技術ばかりなので、ぜひ実践してほしい。

事前準備

事前準備

1　地図の読み方

　現場到着時の消防車両の部署位置は、その後の消火活動を左右する重要な選定作業です。消火活動のイメージが出来ている消防隊員は、部署位置こそ消火活動の根幹ですから、地図から深く理解しています。第1章では、地図の読み方や消防車両の部署位置の選定方法について紹介します。特に「機関員」は地図を逆さからでも読めるようになりましょう。

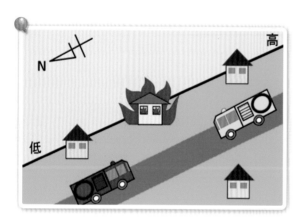

　地図から火点と水利の位置（距離）を高低差を含めて読み取らなければなりません。古参の先輩が使う「上」という表現は坂上や山上を意味していますが、若手はノースアップ（一般的に使う地図は上が北で下が南）だと理解していることがあります。

　どちらにせよ高低差が大きい場合は、平面上の距離よりも歩行距離は長くなるので、使用するホースの本数にも影響します。

check point

　重要と判断する消火栓は、赤丸で印をつけておきましょう。赤丸で印をつけた消火栓を目指せば素早い消火活動につながります。

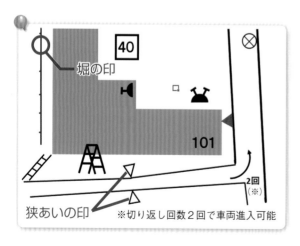

　道や路地を歩いていて家屋（一般住宅）の隅においてある梯子や脚立を地図に記しておくと資機材の破損や不足の折に借用できるでしょう。そのほか、連結送水管放水口の位置や火災以外の狼煙の上がらない災害対策として、共同住宅の1階101号室の位置を地図上に印を付けておくと部屋の特定に便利です。

　地図に通常表記されている階段や塀は高低差を示していますので、どのくらいの高低差があるのか現場確認が必要でしょう。

塀とは：

　松杭土留めを表しており、由来は、応急的に土などが流れ崩れないように木材の中でも粘り強い松を使用されていた。恒久的に使用する場合、単管パイプや鉄骨で組まれている。

　大きい物や大掛かりになると擁壁となり、松杭表記ではなく等高線表記になり、小さな（緩やかな）高低差だと土堤（どてい）表記となる。

　地図上で階段の記載があっても現場に赴くと、左の写真のように車両通行可能な道もあります。

　また、左の写真のようなコンクリート道路はスリップ対策が施されており、急斜面になっていますので、手びろめのホース延長に切り替えます。特に下り坂ではホースカーの使用は避けましょう。

〇〇選手邸

〇〇署長

　有名人や上司の家は共有した目印となりますので、チェックしておくと良いでしょう。

　新しく防火対象物ができると、建築基準法上、周辺道路を４ｍ以上確保しなければならないため、以前は通れなかった道が通行できるようになったりします。また、消防車で事故を起こしてしまった道や交差点なども共通した事案で覚えておくと良いでしょう。

check point

　道路は、ポンプ車や大型工作車が通れる道が一目でわかるように、幅によって色分けしておきましょう。道路の様子を知ることは、現場に早く到着するためにとても重要です。

道と道路の違い：

　「道」は、古来より自然発生的に生じた、人や車などが往来するためのところで、「道路」は、建築基準法第42条第１項において「道路の幅員が４ｍ以上のもの」と定めらた人口的に建造・管理され、法令で決められたものだけを「道路」と言う。ただし、例外規定もあるので注意が必要。

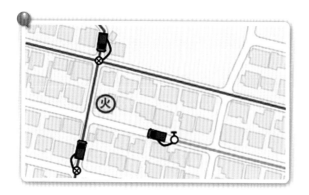

　太い水道配管は大量の水を得ることができ、別系統の水道配管は他隊との水の取り合いにならないことで安定した消火ができます。

　消火栓は配管系統まで見抜けると心強いでしょう。

check point
水道配管は地区や高低区、住宅・工業区などで分かれているので注意が必要です。

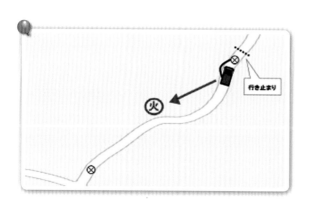

　火点を通り越しての水利部署は実火災ではできません。それでも通り越して水利を取らなければならない場合があります。道路が袋小路（行き止まり）になっている場合がそれにあたります。

　燃えている火点を通り越して部署することにより、後続部隊が有効な配置ができますが、消火用水を確保するため管末配管（枝配管）かループしている配管か調べる必要があります。

　車両を部署するイメージは火災が自署の西側で発生したならば火点の東側に部署することが基本ですが、市境（県境）などは他都市側からの進入が手薄になることを考慮すると基本は覆り、例え大廻りすることになっても西側を取ることが必要な場面もあります。

　時間的な状況把握をする場合、交通ルールのほかに繁華街などは昼夜の賑わいにより通路幅は狭くなり、深夜はシャッター街に変化します。踏切も時間的に使い分けが必要です。

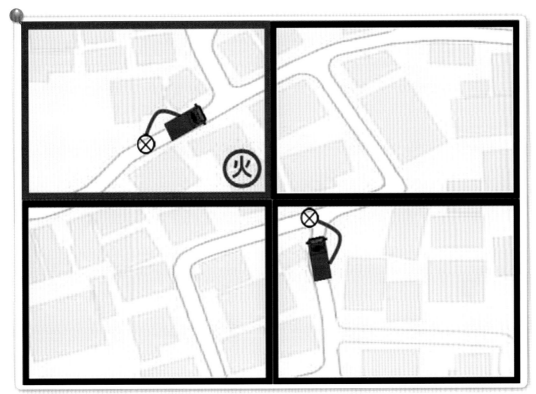

　地図帳の頁境には気を配りましょう。横頁、縦頁はもちろんですが、地図の角に火点が位置する場合は４頁を跨いで把握しなければなりません。火点から直近の有効な消火栓を見つける場合、勘案すると直近は錯覚だ！　なんてこともあります。

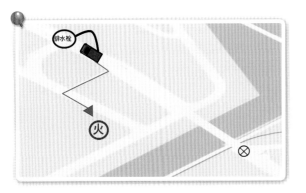

　地図に記されていない排水栓（洗浄栓）を記憶していると有効な消火活動ができることもあります（ただしこれは禁忌行為です）。
　初期消火箱や地元の人だけが知っている路地や小路、敷地内の通路などを抑えておくのも奏功事例につながるでしょう。

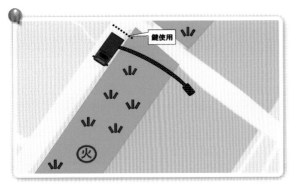

　公園や河川敷などの管理道路は専用の鍵で進入制限をしていますが、有事の際には解錠できるよう消防職員も所持しています。地図への鍵の所有の落とし込みと維持管理、そしてその有効性の確認も怠らずにいつでも使えるようにしましょう。

考察

　地図上に道路や公園などの色塗りをするのは、先輩から教わった地水利を覚えるための一工夫でした。現在は色を塗っている時間もないくらいに他業務が押し寄せてきますが、蛍光マーカーでも良いので色分けしたいものです。知り得た情報をどんどん書き込んで平面の地図が立体で読み取れるモノにしましょう。

　建築物の大規模化や高層化、深層化、さらには用途や管理形態の多様化が進む中、火災の様相もより複雑になり、消防活動の困難性は高まっています。消火活動は時間との戦いです。先着隊の初動が早ければ早いほど、延焼は食い止められ、場合によっては救命率も高まります。実災害の前に把握すべき実態は常に存在しています。災害時には誰よりも早い段階から状況把握に努め、効率的な部署位置を選定すれば、その後の活動も期待が高まり、プラチナタイム（貴重な2分間）、ゴールデンアワー（重要な7分間）でやるべき活動が鮮明になるでしょう。

消防現場の記録帳

　昭和の時代の先輩が「火災は裏を取れ！」とよく教えてくれました。私は「裏とは何だろう？」から始まり、序段で列記した方法となりました。裏とは火点の裏側だけでなく、地図の裏、地形の裏、ルールの裏、組織や人の裏であることが分かってきました。ただし実火災において裏は2番手以降のセオリーです。最先着は正面を取ることを重んじています。

2　警防的予防知識から見た非番日の街並み

　消防職員が非番日に街を歩いていると、一般の人とは景色やモノの見方が多少なりとも違ってきます。例えば間口（土地・建物の正面幅）が７ｍ程度の建物の場合、建物１面、１階だけの情報で、建物の構造や規模、用途、立地さえもある程度推測できます。ここでは、その一例を紹介します。

　上の写真は商店街の一角にある建物です。注目すべきは次の５箇所です。①〜⑤を確認し、そこから何が読み取れるかやってみましょう。

　　①　連結送水管の送水口
　　②　避難器具降下地点の表示
　　③　［消］マークが付くシャッター
　　④　建物両側にある小扉
　　⑤　２階の用途

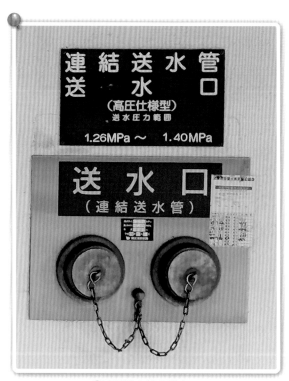

①連結送水管の送水口

ここは避難器具の
降下地点につき
物品等を置かない
で下さい。

②避難器具降下地点の表示

①　連結送水管の送水口

　連結送水管の設置防火対象物を消防法施行令第29条（連結送水管に関する基準）に照らし合わせると

1　地階を除く階数が7以上のもの
2　地階を除く階数が5以上の建築物で、延べ面積が6,000㎡以上のもの
3　別表第1（16の2）項（地下街）に掲げる防火対象物で、延べ面積が1,000㎡以上のもの
4　別表第1⒅項（延長50m以上のアーケード）に掲げる防火対象物
5　前各号に掲げるもののほか、別表第1に掲げる防火対象物で、道路の用に供される部分を有するもの

などが適合し、建物イメージが出来上がります。

　連結送水管の設置防火対象物は地下街などにかかる場合もありますが、間口が7mという狭さや地下に向かう階段がないことを勘案すると地階を除く7階以上の建物または、不整地に建つ多角形建物で5階以上延べ面積6,000㎡以上の建物の可能性が高いとも考えられます。

②　避難器具降下地点の表示

　消防法や建築基準法の規定により、上階から避難器具を使った避難経路の存在を意味しています。前頁写真右側にある階段が主要避難通路で、この降下地点が2方向目の避難経路となります。

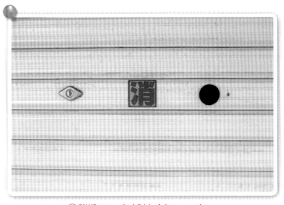

③[消]マークが付くシャッター

③　[消]マークが付くシャッター

　この建物は消防法で定めるところの無窓階という階指定された施設です。水圧解錠シャッターは有効な開口部で「無窓階」で登場する装置です。

　無窓階ならば、消防設備を手厚くすることで防火上の安全を保つことになります。

　このビルのオーナーは、設備設置ではなく2以上の有効開口部の確保を選択したことになります。したがって、正面に一つ水圧解錠シャッターを確認できるので、他の面に有効な開口部があることが予想できます。

無窓階：

　建築物の地上階のうち、総務省令で定める避難上又は消火活動上有効な開口部を有しない階をいう。（消防法施行令第10条第1項5号抜粋）。

④両側・扉

④　両側・扉

　隣接建物との間隔は両側が50cm程度の門扉で閉ざされています。これをヒントに、正面両側（以下「両側面」という。）は、隣接建物との間隔が1m未満となり、避難導線として成立しません。つまり、両側面は有効な開口部はありません。

　したがって、先の無窓階の定義に倣うと裏面に有効な開口部が存在する事が確定し、両側面は避難導線にならないことから裏面に接した道路があることとなり、2方向接道・建物ということになります。

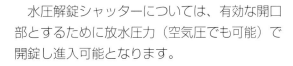

　水圧解錠シャッターについては、有効な開口部とするために放水圧力（空気圧でも可能）で開錠し進入可能となります。

※左の写真はボンベ吐出口を水圧解除シャッターでも使えるように加工しています。

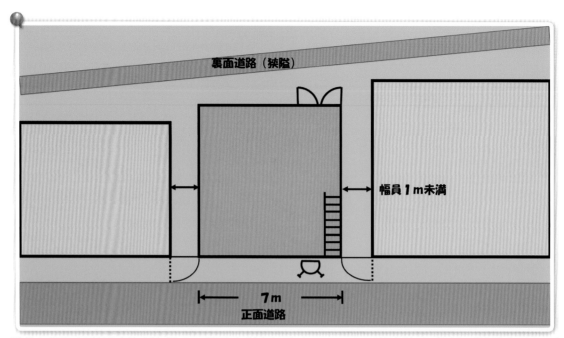

裏面道路（狭隘）

幅員1m未満

7m

正面道路

　建物正面に連結送水管があるので消防車が走りやすい、つまり道路付け（別名「接道条件」、土地に道路がどのように接しているかを示す）が良いということになり、消防活動に有利な建物面だということがわかります。

【応用】

　現場で戦う消防隊としては早合点です。無窓階の定義でいう有効な開口部と現場的有効な開口部の違いを理解しておかなければなりません。まず、定義にある、〈避難上〉と〈消火活動上〉とは、換言すると〈老若男女が避難する〉と〈剛健な隊員が内部進入する〉という違いがあります。

　警防的観点ならば、無窓階判定を受ける面格子や厚いガラス窓は無効な開口部ではありません。中層建物クラスのガラスならば、破壊器具で壊せますので無窓階ルールの有効な開口部よりも迅速確実な場合もあります。そして両側面の50cm幅員の門扉は人が通るために設置されているものです。確認しない手はありません。

　さらに、新型ノズルは消火用に少ない水量でも飛距離を稼ぐ仕様に変更されているので水圧解錠装置を働かせるのは至難の業、開かずという遅延が予見できます。定期的に維持管理をしていない水圧開錠シャッターは、装置内にたまった塵や劣化した部品などが正しく機能しないことも考えられます。

　さらに加えると、シャッターが備わる室内用途は倉庫、物置きだけの用途である場合を勘案し、後回しにする場合もあり得るということも念頭に置いてください。

⑤　2階の用途

　2階の用途が飲食店や物販だった場合です。2階の避難器具は、消防法規制となり、階段は一つであることになります。しかも収容人員10人以上であることから避難器具が設置されているので、救助を見据えた火災対応が色濃くなります。主要避難通路の階段と避難器具の距離を分けた方が避難上有効なのですが、この近さは他の面に逃げ場がない事を意味しています。建物の2階以上にある飲食店は避難することを考えると私事で行きたくない、進入しにくいお店であると言えます。

考　察

　予防の知識を警防で活用できるように改良させた警防的予防知識。

　いつか役に立つと思い、防火衣にこんな道具、あんなツールをポケットやベルト周り常時携行していると嵩張りませんか？ 紹介した警防的予防知識はいくら持っていても嵩張りません。しかも詰め込んだ知識をブレンドすることによりイメージから現実に沿う確率があがり、焦りがなくなります。

　最新の道具がほしいなど無い物ねだりしている隊員やクリスマスツリーのように色んな道具を携行している隊員は知識が足りないのを露呈しているかも知れませんね。

　これからは、道具を一つ降ろして新しい知識を一つでも多く取り入れてみてはいかがでしょうか。

消防現場の記録帳

　予防事務職に就いた時に、予防業務はとことん細かく規制をかけていると気付いた反面、警防業務に置き換える事ができていないと感じました。その逆もしかり、警防職員は予防業務への理解やブレンドができていないと感じます。この項では、その融合方法について一例を表現しています。

3 歩道橋を活用したホース延長方法

　幹線道路沿いの火災で消防水利が幹線道路の向こう側にあった場合、たとえ火点に近い水利でも交通量が多い場合は選定から除外しますが、本当に外してしまってよいのでしょうか。

　火災規模が大きければ大きいほど、通行止めをしてでも必要な水源となりますので、水源として計上はしておくべきです。特に道路を跨ぐ、歩道橋や地下道の存在はチャンスとなります。

　上の写真は交通量が多い7車線（上り2車線、下り3車線、両側側道各1車線）の道路を跨ぐ歩道橋です。自転車でも2方向（全4方向）から、アクセスできるこの歩道橋をイメージして消火ラインの取り方などを説明していきます。

　歩道橋直近に消火栓があり、歩道橋を渡った先が火災現場の場合、ホース延長者は歩道橋通路をなぞるようにホース延長を行えば歩道橋延長は可能になります。

check point

　図上対策の段階で、なぞるのはいただけませんね。余分なホースはショートカットしましょう。
　歩道橋に上がりホースを吊り下げてポンプ員に結合してもらうとよいでしょう。

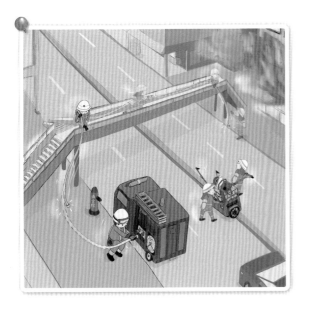

　歩道橋を渡り火点側のホースの吊り下げは、道路を横断してきたもう1人の隊員に渡せば階段分のホース長がカットされます。その隊員は、交通量の多い道路を横断するのですから、戻ることが無いように消火器具や救助資材などをできるだけ多く持ち込みましょう。消防隊長と共にホースカーに資機材を載せてくるのも良案だと思います。

　このような図上検討をしておけば、次は現状検討です。実際の管内の歩道橋や地下道、場合によっては軌道などの対策を現場で共有し合えるはずです。

　歩道橋の転落防止柵（フェンス）は、色々な形状があります。金属網や視界を遮るアクリル板、とりわけて格子幅にホースを通せるか確認します。

　フェンスの上を通すか柵の間を通すのかは環境や状況により変化します。

　左の写真は手前が2方向、奥側が1方向の歩道橋です。歩道橋の階段は1方向、2方向また3方向なのか、そして幹線道路に中央分離帯があるかなど現状を調査することにより具体的な対策が浮かび上がり、実効性の高い箇所は隊内で決定すると良いでしょう。

　さて、歩道橋の歴史は50年前後でしょうから、どの地域でも対策をするほど多くはなく、ホース延長法などの活動要領は示されていないと思慮します。

　そして昨今の駅前広場などは、デパートと駅や駐車場などが2階でもつながっている構造が増えてきています。

　また、立体交差点も増えています。これらの施設が工作物であるならば消防用設備等が付属することはありません。

　将来増えるであろう施設にいち早く着眼しておいて、その構造や形成を味方にできる方策を備えていたいものです。

考察

　たかがホース延長ですが、着目すると功を奏する場面を表現しました。これらの検討は、机上だけでなく必ず現場検討をしなければなりません。事前準備の段階から経験がモノをいいます。

消防現場の記録帳

　上の写真は管内でも有数の大きい駅前ロータリーで、サークルウォークといわれる歩道橋が備わっている交差点です。この直下で、交通救助事案が発生、出火警戒の筒先の水源を交差点内の消火栓とし、歩道橋を活用し交通規制を最小限に留めることに貢献しました。

ホース

FIRE HYDRANT

消火栓 ホース

1　ホース延長とホース結合

　ホース延長は、火災対応における大前提の活動です。ホースとホースが繋がらなければ、ホースが障害物にあたれば、ホースの長さが足りなければ、その消防隊の活動は遅延し、消火や救出全ての活動が後手にまわり失敗に近づきます。出来て当たり前という低い壁に躓かないようにするためのホース延長について紹介します。

一重巻きホース

二重巻きホース

四重巻きホース

　1本の長さが20mの消防ホースは、取扱いが難しい資機材の一つです。一重巻きならば20m、二重巻きホースならば半延長時長さ10m、四重巻きホースならば長さ5m。島田折りならば11折り前後です。

　このような数字は憶えるのではなく、使っていて覚えていくものです。

　このホースの両端には必ず結合部があります。20m長の資機材を使いこなすには結合部は絶対的な存在です。

　ホース延長時には金具がどこにあるかを把握していると延長が手中におさまります。

島田折り

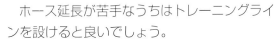

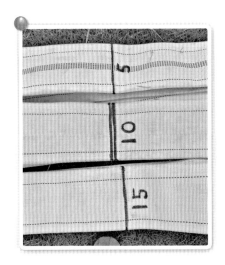

ホース延長が苦手なうちはトレーニングラインを設けると良いでしょう。

トレーニングラインとは、ホースの長さを記しておくものです。メス金具側に数字を記入します。どのような携行法や延長法でも両端結合部と中央となる10mの位置がわかると、ホースの長さを把握が出来て、取り扱いに困惑することは少なくなります。

混線しているホースを辿って火点やポンプを目指す場合や散らかったホースを整理するときにも役に立ちます。

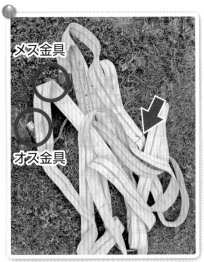

メス金具

オス金具

写真左の場合、オス金具ともう一つの赤い金具補強布（はかま）がメス金具です。5mのトレーニングライン（赤矢印）が見えますので、その地点から3m程度を手繰れば10mが見えてきます。

当たり前のことですが、目に頼るだけで作業がスムーズになります。

ホースの結合は手指で行うことが望ましいです。手は「第二の脳」「露出した脳」などと言われ、手作業で覚えた感覚というのは、ミスが起こる前に気づきやすくなり、結果として、作業ミスは少なくなります。

結合されたときの3つ爪が掛かる音と振動が確認できたならば、結合部を回して（捻って）入り込みを確認しましょう。

一番使うこととなる筒先（ノズル）、吸管元金具、中継口や媒介金具は、摩耗劣化しており、２つ爪だけがかかる場合があります。

結合確認は、引いて確認ではなく、結合部を回してみると外れているツメがカチッと収まる合図を示してくれます。

画像は２個の爪がかかっている状態

雄金具が起因で結合できない時は、金口を地面に叩きつけてしてしまい、金口先端が荒れていているときです（写真左矢印）。

写真左のように１㎜に満たない突起が結合を阻害することがあります。慌てずにコンクリート面にささくれた柔らかいアルミ合金の金口を擦れば雌金具に収まります。特に40㎜ホースは精度が高いのでこのような結合不能に陥る可能性も高いので応急処置として覚えておきましょう。

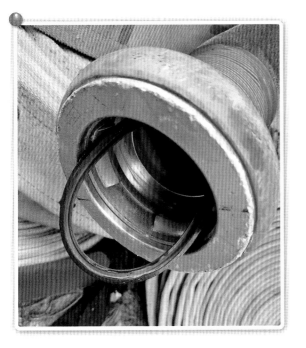

　ホース結合部からの漏水は、袋パッキンが原因です。この袋パッキンは水圧（空気圧）を得て金具同士を密着させる機能をもっています。結合部の漏れを確認したら袋パッキンを確認しましょう。

考察

　結合確認について防災指導や基礎教育のように四肢を使って確実結合を確認させる意図があるのならば、ホースを足で踏んで両手で結合はよいかもしれません。

　しかし、消防隊がホース結合を行う機会は無数にあるので、繰り返しを何度も何年間もいろいろな状況下でやっていれば自然に気付くようになります。

　結合一つに毎回腰を屈めていては、いずれ腰痛となり、身体を壊して消防人生が短くなってしまいます。

消防現場の記録帳

　ホースの携行性や軽量、コンパクトさを活かすならば、平織りホースよりも綾織りホースが良好です。品質が高まり、耐圧、耐摩擦、フリクションロス（摩擦抵抗により損失しているパワー）や性能も良くなっています。

2　ホース延長障害

　ホースを延長していると予期せぬ障害物にあたることがあります。障害物となる危険因子を予見できれば、受傷危険や放水遅れを避けることができます。予見が出来るのであれば最初から障害物は避けましょう。

　ホース延長時の障害物は３つ、形で表現するならば「弧」（車、バイク、自転車のタイヤ）、「低い突出物」そして「数センチの隙間」です。弧は大小様々、突出物は足首程度の高さが厄介です。隙間とは空ホース（平ホース）が入り込む間隙でホースの厚みと同等だと致命的となります。形で憶えておくと捉われる事がないのですが、具体的に上げるならばタイヤと丸太階段そしてドアの下端となります。

check point
ホース延長時の障害物は「弧」と「低い突出物」「数センチの隙間」

　タイヤは自転車からトラックまですべてが障害物（天敵）となります。自転車やバイクは倒れて絡まり、引っかかるとビクともしない。しっかり挟まったり、引っかかるとその場に戻って修復するしか方法はありません。

　65mmホースは通水停止（閉塞）にはならないのでホースを追加して延長する方法もありますが、損失圧力は大きくなるので妥当な対策にはならないでしょう。

ホースが隙間に入り込んでしまった場合、通水することで水圧が勝り、挟んだ構造体が壊れることがあります。通水障害とともに損害も出てしまいますので屋内延長時に配意したい部分です。

写真左は水圧が勝り防火戸がひしゃげている様子です。

check point

日頃から真っ直ぐキレイにホースを延ばす訓練をしましょう。どんな障害物でも一度引っかかったら力任せでは解決しません。その場に戻って障害を解くしかありません。

ホースの長さがメートル単位でなく、センチメートル足りない。この辛さを心得ているのであれば、隊員間連携となる結合は、重要なポイントになります。

ホースが足りないということは、事前準備を怠った結果です。

考察

迅速確実なホース延長は、どのような失敗も心得ているから、確実に出来て、失敗している隊員よりも速くできるのです。だからといって、速さや正確性を失っての活動は、心意気として正しくありません。焦りは禁物ですが、速さが求められる中で確実というバランスが任務だと考えます。

消防現場の記録帳

現場で意外と大きな失態と見なされてしまうのが、二輪車の転倒です（写真）。下手をすると損害が大きく、復帰に時間を要するので、客観的、主体的にも痛手となる活動です。

3　ホース搬送

　ホースバックに収納されている2～3本のホースを使い切ってしまうような長距離延長時には、追加のホースを消防車に取りに戻らなくてはならない場合があります。そのような時に日本のホース巻きとして代表的な二重巻きホースの出番です。最近では、より展開しやすい四重巻きホースが登場していますが、ここでは昔から使われている二重巻きホースの搬送方法を紹介します。

二重巻きホース

　二重巻きは、最小にまとめた火災対応用の巻き方です。個別に収納できて、道中が狭く、高低差のある日本の地柄にあったホース展開が可能です。手元に両金具があることが最大の魅力です。

動画で確認しよう！

ホースを仕込む
毎日の点検で握りやすく、スリムにする方法を表現してみました。

　二重巻きホースを持つ位置は両金具の間に位置する部分です。
　雄金具を抑え、雌金具の根元を持つことで両金具をしっかりと確保できます。
　ホースはハカマを除いて4枚程度の部分に4指をいれます。1枚加減して奇数枚持つと二重巻きホースは2枚1組なので崩れる心配が減ります。

　基本搬送は２本までですが、ホース３本をベースにして取り組むようにします。

　片手に持ったホースの上にホースを置き、脇で抱えるように２段積みします。

　もう一方の片手には１本を持ち、有事に備えます。

　片腕に疲労がたまったり、障害物を除去する場合などに片手を空けて障害物を除去したり、持ち替えたりします。

　できない人は１個だけ50mmホースにすると持ち方やかけ方に気付きがあると思います。

動画で確認しよう！

ホースを搬送する障害物持ち替え

　地震火災時以外に４本以上のホースを持つ必要はありません。搬送の先にはホース延長や放水作業が主軸の動きになるのですから、余力は残して取り組みましょう。

check point

　ホースを脇に挟む、握るという感覚がゴワゴワな防火装備では感覚が鈍るため、あえて搬送訓練は防火装備で臨みましょう。

　この搬送法は平面におけるフェンス越え、または、ドアの開閉であろうとホース３本搬送をしっかりと身に付ければ火災現場でホース２本は少ないと思えるでしょう。

考察 ℹ️

　ホースバックにはあらかじめ結合された状態のホース（2本から4本）が収納されているので、ホース延長の際は、大変便利なツールですが、採用が未だに限定的です。日本の消防の大半は、二重巻きホースを積載しています。現状は二重巻きホースの取扱いと要領を取得することでどの部隊にいても、即対応できるようになります。

　私の所属する部隊では、現場到着する前に地図から勘案してホースの本数を決めています。消防車に戻らなくても済むように、軽量コンパクトな二重巻きホースを「プラス1本持っていく」とことを部隊で決めています。

消防現場の記録帳

　ホースを搬送していれば、悪路もあり、体力限界もあります。ホースを持てなくなった場合はホース延長経路上に落とし（置き）ましょう。いずれ使う時に消防車まで戻らずに、落とした（置いた）場所まで戻れば活用できるからです。これは現場で得たスキルです。

放水用ノズル（筒先）

　消防隊が消火活動を行う上で必要不可欠な放水用ノズルは、管そうによって整流された水流をさらに増速し、圧力水頭を速度水頭に効率よく変換してその放水射程を大きくとることを目的とする器具です。

　現在の放水用ノズルは手元で放水開始、停止、形状変換、射程距離を変えずに流量変換ができるスーパーツールとなっています。

　ここで昭和初期から始まった放水用ノズルの歴史を振り返ってみたいと思います。

　ノズルとポンプとの間にあるホースは蛇行し、内部を防水処理された内張り素材は水との摩擦を生み、管内は乱流となっています。それを整流化し放水するために硬質な筒（プレイパイプ）を通し、先端は放水距離を稼ぐため、円錐状（ストレートチップ）としていました。

　これが当初の放水用ノズルです。

　昭和の時代のノズルは大変な器具です。なぜならば、放水が始まったら何の調整も出来ずに放水が止まるまでひたすら持ちこたえなければならないからです。先輩たちの云う「筒先を離すな！」はココから生まれているのです。

　しかも元金具は65mmホースとなる大容量ホース結合。水の重さや筒先反動力が大きい事によりコントロールはほとんどできません。このような先輩たちの必死の活動が垣間見られる放水ノズルですが、後に、携行しやすいように肩掛けベルト、放水姿勢を楽にするための取手、無反動化を取り入れるためのプレイパイプの湾曲化などの装備が追加されました。

　そして渡来した放水ノズルや技術革新を受け、手元で閉止できるためのシャットオフコック、放水形状を変換できる切り替えノズル、水の量を変換できる流量可変ノズルが追加されます。

　淘汰、変更されていく部品もあります。取手はガンタイプ化し、流量可変装置の登場でプレイパイプ部は小規模化しました。とうの昔に忘れ去られた遺物と化している筈のストレートチップノズルは、水圧開錠、開放装置で使用するために車載している消防隊もあります。

　現状の装備に話を戻すとノズルマンとなる隊員は手元で放水開始、停止、形状変換、射程距離を変えずに流量変換ができるようになっています。操作権をノズルに集約することでノズルマンが主導となるのです。これらを使いこなす事で方策は万策となり、消火以外にも救助放水や排煙放水などが可能となっています。

　旧態依然としていた放水ノズルも使いこなせばスーパーツールになりうるのです。

4　ホース投げ

　「ホースを投げてみよう」という試みは火災現場で初デビューだといろいろと危険です。事前に対策しておきましょう。どのように投げるかで高さと成功率がぐんぐん上がります。結果ではなく、やってみて気付く事の方が先ずは大事かもしれません。ここでは、「ホースの投げ方」を紹介します。なお、訓練は全て防火装備で実施するようにしましょう。

　屋外階段やベランダ、または壁、高低差のある通路などを目にします。
　このスロープ上に別の隊員がいた場合、ロープを垂らす高さでもなく、お互いが少し低い位置まで歩み寄るか投げるかと迷ってしまいます。

　しかし、ホースは重量がある上に長いので投げてみるとコントロールが定まらないモノです。
　火災現場で初デビューは大変危険ですので、事前対策をしましょう。
　誰でも初めは2～3m程度しか届きません。しかも方向音痴です。しかし、何度も挑戦していると5mくらいの高さへ到達するようになります。
　50mmホースだと6mの高さまで投げられます。
　色々な方法がある中で理にかなっている方法が両手に3mずつを束ねて持って両手でアンダースローをする方法です。

しかし、６mという高さはコントロールも定まらず、目一杯投げているので実戦向きではありません。この最大数値を糧に具体的に確実、かつ安全に投げられる高さを算出するとはじめに投げた３mくらいの高さならばコントロールできる安全な高さだという結果になりました。

当初に投げた時よりも桁違いに確度は高まっています。

半日程度の訓練時間で手にする事が出来る技術です。

これで火災現場での活動の幅がひろがります。

訓練は廃棄ホースでやりましょう。

動画で確認しよう！

ホースの投げ方

最大の力で完投した動画です。半延長から始めています。参考にしてほしいのは、ホースの軌跡です。持ち方や仕込み方は色々あります。

考察

小さな疑問をやってみて気付くことを積み重ねれば、いずれは自分のバックボーンとなって自信のある活動に変わります。

反対にやらないまま、知らないままだと発展もなければ進歩もありません。

振り返れば言い訳だらけの活動になってしまわないように、手前にある知らないことややったことのないことをコツコツとこなしていきましょう。

消防現場の記録帳

災害現場で不意に訪れるホースの投げ渡し。戸惑うことなく的確に活用しています。

5　ホース降下

　ホースを使った降下は、ホース投げと同様に事前対策を施しておけば、事態に直面した時の良い判断材料になるでしょう。ホース延長時にホース降下を使えそうなパターンとして、崖地やつづら折りの通路におけるホース延長が考えられます。ここでは、ホース降下について紹介します。

　空ホースの場合、65mmホースよりも40mmホースの方が降り易いです。しかし、空ホースは握ることも足を絡ませることもできません。身体懸垂、フットロック登はん、基本登はん要領で降下を実施してみましたが、実災害だと完全着装なので技術の前に体力的に厳しいです。さらに防火手袋ではホースを握ることもできません。
　写真左は65mmホースでフットロックカニばさみ要領で降下している様子。

　写真左は50mmホースで腕だけで降下をチャレンジしている様子。

　40mmホースを使用し、身体懸垂肩がらみで降下すると、摩擦が強すぎて降下はできません。
　1階下くらいの距離ならばホースを送り出しながら（摩擦を解きながら）ならば降下は可能です。

空ホースの場合は65mmホースよりも40mmホース

充水ホースを使って降下する場合は、40mmホースよりも65mmホースの方が、摩擦抵抗が大きく降りやすくなり、2〜3回降りると慣れてきて怖くなくなります。　降り方は滑り棒のように身体全体で制動を作る要領です。

実践してみて気付いた点は、支点の強度問題や現場が濡れている場合もありますので、建物3階以上の高さでは実効性は乏しいと感じます。

check point
結論として、ホース降下は「急がば回れ」。
しかし、建物2階位の高さからならば効果に対する実効性への期待は高まります。

写真左のような、つづら折りの道を真っ直ぐにホース延長する場合、ホース投げやホース降下を選択する判断もあると思います。

先の検証を踏まえて、ホース伝いに降りる降りないの選択が即判断できることとなります。

　ホース延長について様々な方法を気付いて理解してくると、このような場面でも「どうしよう（汗）」から「やってみよう！」という気持ちになると思います。活動の幅が広がります。

考察

　昔話で、作業中に突然、「床が抜けたがホースのおかげで命拾いした」、「2階からの緊急脱出でホース降下した」、など先輩からの体験談を聞いたことはありますか？　これらは、筆者がやってみて気付いた感想を踏まえて回答したいと思います。

　「床が抜けたが、ホースのおかげで命拾いした」という先輩の体験から、2階から1階フロア程度の高さであったと考えられます。ホースに身を委ねた結果、落下速度を和らげることができ、いろいろな箇所で衝撃を受け、落下係数を小さくできたのでしょう。また、「2階からの緊急脱出でホース降下した」という体験は、検証を重ねている隊員ならば退路として計算された方法であったと思います。実災害で、ホース降下という手段は奥の手の一つでしょう。

消防現場の記録帳

　ホース降下は特殊スキルではなく、スマートスキルです。初めて見聞きした読者は、知らなかっただけ、やらなかっただけのことですので、記録するほど大層なことではありません。

6　ホース３本延長（隊員の動き）

　二重巻きホースの最大携行数は３本で落ち着くとするならば、１人でのホース延長は３本が基本でしょう。仕事効率を念頭に置くと一つの方法が出来上がります。ここでは「ホース３本延長」について紹介します。

　分岐媒介を活動の障害にならない腰に携えておきましょう。

check point

　障害物などにかかりやすいのが第１ホースです。スタートから意識してキレイに延ばしましょう。

　消防車両のホースボックスから放口の位置、距離は様々ですので持ち方も様々となります。
　しかし、どの車両、ボックスの位置が離れていても左右の手で各々の金具を持ちます。

　第１ホースをホースボックスからホースを取り出し、障害物がない、ホースがきれいに延ばせる方向（進行方向とは限らない）に半延長します。

　１ステップ以内（少ない歩数）で金具を持替えることなく雄金具を放口へ結合。結合確認は「音」と「回して確認」する。

　続いてボックス内で第２結合を行います。
　結合は左手で右手は第２ホースを搬送用持ち手としながら第２ホース雄金具付近を押さえて結合しやすく手配します。
※結合は右手で、左手は第２ホースを搬送用持ち手としても可です。

　第２ホースと第３ホースを携行し火点方向へ。右手は第２ホース雄金具に親指が届く位置で握ります。ホース搬送をしながら歩行距離10mくらいの場所で放水はじめの呼称（合図の早さはこの位置あたりが最速のタイミングです）を機関員に伝達します。

check point
第２ホース雄金具に親指が届く位置で握る。

　結合部を落とす前までに第２ホース雄金具に指を入れておき、雄金具を確保します。第２ホースを歩行距離20m手前で落とします。

　第２ホースを落とした（延長した）と同時に雄金具を持ち替えて第３ホース雌金具に歩きながら結合します。

　ホースが結合出来たら第３ホース雄金具を持ち第３ホース延長します。

動画で確認しよう！

ホース３本延長
角地を２箇所設けて訓練しています。

　第3ホースを延長後に腰に携えた分岐媒介にホースを結合する。

　漏水はあってはならない事ですので、分岐媒介の離脱よりも先に第4結合を優先します。

　結合を確認したら分岐媒介を腰から外し、コック開放エア抜きして完了です。

　水が通るまで分岐媒介から離れてはいけません。

動画で確認しよう！

分岐媒介の取り扱い
走りながらの活動で見えにくく、手探りでの離脱になります。

考　察

　ホース3本延長は、少ない人数で速さを追求して出来上がった方法です。

　動画にもしていますので確認してもらいたいですが、追求した割りに歩くようなスピードになっています。この方法は、入り組んだ道でもホース長20mの延び方をイメージできれていれば安定して確実に1人でできる方法です。

　第2章⑦の「予備送水」の（P.46）と合わせると「放水始め」の呼称を省くまでに確実な送水活動になります。

消防現場の記録帳

　火災現場では、現場到着が遅れても、放水体制が早くなりますので火災を小さいうちに叩き消火できています。

狭所ホースを利用した消火方法

　狭所ホースは、１人でも火点側に充分なホース余長を配することができる方法です。現在、放水ノズルと狭所ホースをセットにしてベルトを用いて搬送を容易にしたものが主流となっています。

　その狭所ホースの立役者は何といっても40mmホースでしょう。40mmホースは省力化（少数化）対策の筆頭となる資機材です。軽量で扱いやすいのですが、家庭用のホースを彷彿させる操作性には頼りなさと、物足りなさを感じます。しかし、科学的実証などの経緯があるからこその配置です。使えないのではありません。使いこなさなければなりません。

　長所として、火点側に輪状の充水ホースを配置することが出来るのでホース手繰りが省かれて機動力は革新的進化を遂げています。

　そしてもう一つ素晴らしい性能があります。軽量で扱いやすいので放水角度が360度になったことです。放水ノズルから数十センチ離れて把持するとホースの折り曲げを利用し、真後ろにも放水が可能となります。また、１人でも取り回しが楽なので筒先は２人保持という概念を覆すことになりました。既成概念を覆すことがもう一つあります。昔からの言い伝えで長尺物の輪の中に足や身体を入れてはいけないというルールです。主にロープや吸管で取り入れられていますが、狭所ホースからの充水時にこれを多用することとなります。

　ホース耐圧は他のホースと違い2.0Mpaまで耐えられます。小径でありながら消火に必要な水量を確保するにはホース内圧が高くなることは当然です。この高圧化は実務上の利点となります。それはホースが折れにくくなることによりＶ字摩耗によるバーストを防いでいるからです。

　欠点、難点を示すと、元祖狭所ホースである名古屋巻は延ばしてから充水するとネジレ（捻れ）に勝てずに放水量の低下、最悪は放水不能になったりします。また、小径ということで、ホース内部は樹脂張で囲まれており摩擦損失が高く、乱流が起こりやすいので放水量が定まりにくいのが難点です。さらにノズル元圧力を指定し、圧力をコントロールしているため大量放水や長時間放水はポンプに負担がかかり不向きです。

　火災現場で使うことが本質ですから活動中の知見から欠点や禁忌行為も事前に学習しておかなければなりません。

　住宅火災規模であればジャストフィットノズルです。上手に消火器具を使い分けて、使いこなせば、省かれた人員の起用も末広がりになるでしょう。

7　ホース3本延長（機関員（ポンプ員）の動き）〔予備送水〕

　ノズルを持った隊員や市民が理想とする放水活動はホース延長完了後即放水体制でしょう。

　しかし、現状は放水姿勢をとってからしばらく待機姿勢が続きます。1分間待っている間に火の手は自分の背を超えて襲い掛かるのに…です。ここではホース3本延長時の機関員（ポンプ員）の動きを紹介します。

　機関員とホース延長隊員は65mmホースを3本延ばすことを確認し合います。

　延ばした先は分岐媒介で止水します。

　ホース1本70L、3本なので210L。1,000Lの水槽付ポンプ車ならば5分の1程度のタンク水で充水可能となります。

　ホース延長隊員は、最速だと放口から10mの地点で第2結合部を作成した時点で「放水はじめ」の呼称をしますので、それまでにタンク吸水コック「開」中継口「開」でタンク水の落水を目と耳で確認、出来たら中継口「閉」で「送水はじめ」とし、放口を開きます。中継口「開」ではなく、真空ポンプを入れても同様です。

機関員はポンプ圧力2から3kg/㎠程度で送水後、第2、第3、できれば第4結合まで確認後、ポンプに戻り適正圧力まで上げます。

check point

　機関員は分岐媒介までを確認して送水活動を担保します。

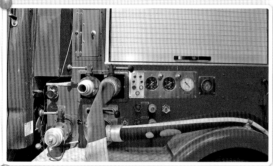

①ホースが何かに引っかかっている。
②消防隊員が転倒している。
③消防隊員が応急的に媒介金具に結合している。
など異変があれば速やかに修正またはポンプに戻り放口コックを「閉」にします。

　無難に進行しているのならば、吸水側作成、次に使用する隊員の搬送資機材を積載から降ろして準備します。

動画で確認しよう！

無確保ホースのホース暴れ
打ち所が悪いと大けがをします。無確保ホースの暴れ方を紹介しています。

動画で確認しよう！

漏水時の結合方法
水圧でパッキンを喪失する事があるので気を付けましょう。

考察

　全てのホース結合を完了する前から行う予備送水は、多少なりともリスクがあります。その対策として、結合されていないホースから漏水した場合のホースの暴れ方（動画）や、漏水時の結合要領（動画）などの熟慮も欠いてはいけません。

消防現場の記録帳

　隣の部隊にテレビ撮影が入ったおりに、火災出場し、その隊を後方からまくり、先に放水した火災出場がありました。放送を楽しみにしていたのですが、その部分はカットされていました。

8　ホース吊り下げ延長（上隊員）

　建物の高さを攻略するためのホースの吊り上げ、吊り下げ延長時には、誘導ロープを使用するとともに、ロープの結着を確実に行い、途中階のガラス等にあたらないよう上下の連絡を密にすることが重要ですが、上隊員が地面まで真っすぐ降下できる施設環境ならば誘導ロープは不要ですので難しくありませんよね。ここでは、高所の火点付近の開口部から元側ホース先端を吊り下ろす方法を紹介します。

　ホースを降ろす隊員が上階に上がるまでの間に取得可能な情報（例えば、階数や下屋、庇などの有無、通行人の量そして壁体部の窓や工作物の存在など）を見取ります。

　この面で上階から吊り下げる場合、ガラスのない場所が有効となります。

庇（ひさし）：窓や出入り口の上に取り付けられている出っ張り部分。

下屋（げや）：屋根の一種で、母屋に附属した部分。

　あえて高所から再度確認をすると、物の見え方が異なるので確実な動作を選択できるようになります。

　例えば、地上から見た開口部を窓（ガラス）だと思い込み、上階に上がってみたところ換気設備（鉄製）だった。とか、庇の出幅は近くで見たら尺度がはっきりする。といった具合です。

　上階進入隊員は、地上（ホースを受け取る）隊員を上から見下ろした時にこれらの条件がすべてクリアであるのならば、極端にいうと地上隊員などに当てない程度、メス金具を地面に叩きつけない程度にホース元金具部を投下して良いことになります。

　投下する時に先端（金具）と束ねているホースを区別して落とすと地上での絡まりを防ぐことが出来ます。

　無事に降ろし、地上ホースと結合ができたのならば、降ろしたホースの多くを上階側に引き上げます。降ろした結合部の位置は、できるだけ建物側、若しくは吊り上げてしまっても良いでしょう。余長ホースは火点側に配置がよいからです。

　ホース落下防止のために、ロープ結着などは行わず、足で踏んでおくなどのホース確保を必ず行います。

　これは送水時に水の重さに引っ張られてホースを引きずり落さないようにするためで、ロープ結索だとホースが閉塞してしまいます。

　さらに結索してから水を呼ぶ時間は無駄な時間経過となります。

　狭所ホースを含むノズルまで充水が完了すると、ホースは室内側と屋外側の重量が均衡しますので、ホース落下は起こりません。

　足で踏んでいたホースから離れることができます。

　この活動以降にホースが滑り落ちる作用は継続放水などの事故防止の観点になりますので時間ができた時にホースに結着固定を施しておきましょう。

　仮に地上側にホース余長を残置してしまい、通水後にこのホースを引き上げる必要があった場合、少し引き上げるだけでも重労働は確定します。重さのかかった結着固定を解くのも難作業です（高さ、口径により変化あり）。

　それならば、上階でホースを1本足せば良いのではという発想は、ポンプと労務負担を勘案すると場当たり的対応となるので事前対策からとる手段ではありません。

考察

　安全活動と確認行為は同じではありません。確認行為やダブルチェックは、一時安全活動の様な気がしますが現場では不要です。進行型災害には時間が関わります。確認行為に時間を要して火勢が拡大してしまうのは、不安全活動を潤していることになります。火炎は「小さいうちに叩く」という基本に帰り過剰な自己安全に偏重しないで要点を押さえた活動を行い、トータルで見た安全活動を目指しましょう。

消防現場の記録帳

　「放水始め」の合図とともに地上にある媒介コックを開くと水がホース内を駆け巡り、高所に向かってホースを引きづり落ちるような動きが生まれます。その時にホースを抑える事を忘れ、慌てて空ホースを握りましたが間に合わず、その勢いに負けて手指をパラペットに強打し、受傷しました。以降、ホースを足で抑えるのは身に着いた動きとなっています。

9　ホース吊り下げ延長（上隊員応用）

ここでは、ホース降下線上に庇があった場合の降ろし方を紹介します。

これは、誘導ロープを持ち合わせていない場合など現場にあった寸法を正しく拾い出して確実にホースを吊り下げる方法です。火災現場ではこのような時間は取れないのかもしれませんが、一度経験しておくと自信がつきます。

図1

5m

3m

2m

1m 以上は振り子不可

吊り下げたホースを振り子にして庇をかわし、地上に降ろす方法はおおむね1m程度しか振ることはできません。

高さや庇の出幅にもよりますが、振り子幅は建物壁体が障害となるためです。

振り子が効かないと判断できる、庇などの場合、上隊員が出来る方法はホースを放り投げるという方法になります。

庇の端までの距離（図1赤線）を把握できれば難しくなくなるのでその方法を列記します。

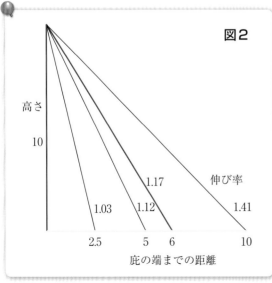

図2

高さ

10

伸び率

1.17

1.03　1.12　　　1.41

2.5　　5　6　　　10

庇の端までの距離

左の表は高さを10とした場合の庇の根元から端までの長さを加味して斜行投下するホースに必要な長さを算出するための係数（伸び率）です。

庇までの高さを図ります。ホースの元金具を庇に当たるまで降ろし、その位置を記憶します（ピンクのテープ）。降ろした元金具を手元に引き上げる際に手尺（手寸）で図1青線の長さ（元金具からピンクテープ）を算出します。

図1のとおり、高さが5m（手寸実測）、庇が3m（目測）だった場合、図2を参照すると伸び率1.17となります。

←地面から5mの位置

←右手から左手までが85㎝

ピンクのテープの箇所からさらに85㎝（5m（高さ）×1.17（伸び率）－5m（高さ）＝85㎝）の位置が庇の端になりますので、余裕をもって1mくらい（元金具から6mの位置）を左手で握りパラペット（ベランダに設置された手すり壁）上に置いています。

ベランダから庇の向こうに放り投げます。6mの位置をしっかりともっていれば、何度投げても庇を超えて同じ位置に到達します。

ホースを多めにとって下に投げた場合、より確実に庇を超えることが出来ますが、地面や隊員に当たってしまう恐れがあります。

check point

何度か訓練を積めば、取得できるスキルです。現場で使う伸び率はホースの長さに対して1.1から1.3くらいでしょう。手寸と目寸も養いましょう。

動画で確認しよう！

　ホース投下

考察

災害現場でロープがあれば、道具があればというのはやってはいけないタラレバです。

状況にあったモノで最大の効果を出す。そのような一つの方法を紹介しました。道具は嵩張りますが、知識と経験は嵩張りません。どんどん知識を詰め込んでたくさんの経験をしましょう。

消防現場の記録帳

電柱の最下層に配線してある電話線を越えてホースを落とすと、障害物なくホースを吊り下げることができます。（やった事はありませんが…汗）

10　ホース吊り下げ地上隊員（ホースを受け取る隊員）

　ホースを吊り下げる隊員と比較すると活動は少ないかもしれません。縁の下の力持ちとなる地上隊員は地味ながらも守備範囲は広くなります。ここでは「ホースと受け取る隊員の動き」を紹介します。

　地上隊員は、「自分も火点側に行きたい」という気持ちを抑え、女房役に徹してもらいます。

　気構えですが、事前にホースを降ろす隊員とホースを降ろす場所を事前に決めた場合でもその場所にホースは降りてこないかもという予測をしておきます。

　火点側の状況は著しく変化するからです。

　これから火掛かる隊員のためにも担当している元ホースを必ず上階へ繋げる。

　この気持ちを持って臨めば、ほぼ完遂となります。

　左のイラストは、上隊員が降下障害となる庇上にホースを降ろそうとしている場面です。

　振り子動作で四苦八苦することが予想できるならば、庇に登ってしまった方が、手っ取り早いでしょう。屋根の出幅によってはトビ口でメス金具を引っかけて取るのもよいです。

　高い場合は、人梯や踏み台に代わるもの、または、はしごを車両から搬送し活用しても良いでしょう。

落ち着いて
避難してください！

こっちにホース
を下ろせ！

　ホース吊り下げ作業時は降下するホースが周囲に害を及ぶことがないか警戒するのも必要です。特に周辺隊員や避難者などへの受傷は避けなければなりません。

　無事に降りてきたホースと元ホースを結合できたとしてもまだ活動は終わりません。元側余裕ホースを上階へ上げましょう（上隊員の補助）。

　余裕ホースは火点側にあって重宝されます。結合部が吊り上げ動作に転じるまでに（結合部が中吊りになる前に）離脱環が作用しないようにロープ結索を施しておき、不意なヒットによるホースの離脱を未然に防ぎます。

　建物の2、3階程度の高さならば肉声の合図で伝達できるかもしれませんが、それ以上の高さだと片腕を真っ直ぐに挙げた「よし」の手信号しか確認できません。現場で大声の伝達は、想像以上に体力を奪われます。

　さらにいうと、訓練を積み重ねていれば大声を必要とする会話はありません。合図は手信号だけで十分です。

　通水時のホースの引き上げをする場合、地上隊員がホースを持ち上げれば引き込みは楽になります。

　地上隊員がいない場合、高さにもよりますが上隊員は数メートルを引き上げるだけで力尽きます。

　高さによっては不可能な作業になりますので、事前に（空ホースのうちに）引き上げておきましょう。

考察

　ホースを降ろす隊員は、共用廊下からホースを降ろすと約束しても火災の状況変化により、ベランダ側から降ろす事は大いにあり得る行動です。地上隊員は建物の真裏までもが守備範囲になると考え、備えるべきなのです。以上のように地上隊員は上隊員の活動をよく理解している者がやるべきだと考えています。

　このような立体消火戦術は、意思の疎通を念頭に阿吽の呼吸を追い求めると、立派な活動に成り得るのです。ホースの吊り下げという手法は、単独手技ではなく、隊内の意思疎通を必要とした部隊活動です。たかがホース延長ですが、立体複合動作が入る高度なホース延長法ですので侮れない奥深さがあると思います。

消防現場の記録帳

　意思疎通を互いに求めるならば、お互いが見える位置に居ることがポイントです。立ち位置が上手いのもテクニックだと思います。

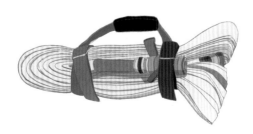

先ホース（火点側）

先ホース（火点側）

1 狭所ホースセット方法

　操作人員の省力化の観点から導入された40mmホースは1人でも取り扱える消火器具です。そのために事前準備（段取り）を施しておくことは必須となります。紹介する狭所ホースはヨコハマ巻きと言われている消防研究会のオリジナルで、1人でも簡単に作ることができ、どのような現場でも対応できることがメリットです。マルチに対応するホース2本分をセットする作り方を紹介します。

狭所ホースセット（写真左）
　特徴として利便性はもちろんのこと、携行性（コンパクト）と搬送力（崩れにくい）、そして、作成の容易性を高めています。

　金具から180cm（推奨160cm以上）の長さで巻き始めます。
　ホースが滑りやすい床で行うとつくりやすいです。また、2本のホースを色分けておく、もしくは表・裏で分別しておくと使いやすいです。

　直径130cmの円形になる。
　ホース1本の長さは20mなので5周ちょっとの円を描きます。

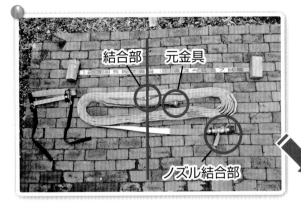

・結合部が中心線に乗るように設定します。
・元金具は中心に近くします。
・ノズル結合部は後から任意で配置できますので現段階で考慮不要です。

赤丸部を両方外側に倒し寝かせて、片側半円部を持ちます。中心線を谷折りします。

赤丸部が整頓されている状態を維持しながら折ります。

赤丸部は、ループを二つ折りにする事で生まれた、弛みを逃す働きをします。全体像としてタコさんウインナーの形になります。

check point

右手側が後方（ポンプ側）、左手側が前方（火点側）になる様に背負います。
結合部は締め付けたバンドに引っかからないように後方に配置しています。

考察

　狭所ホースは、まだ生まれて11年程度の方法です。

　現在は、色々な折り方や巻き方が存在しています。

　紹介した方法は、野球ボールのシーム形状をヒントにした方法です。他の狭所ホースと比較した利点は、何度も使い習慣づけるために作成が１人で簡単にできることと、コンパクトに収納できるので搬送力が高いこと、また、空延長に優れており、バンドをしたままでも充水ができることです。第5章で紹介するはしご活用時にも対応することを見据えて備えています。

　バンドをしたままでも通常延長ができ、狭所ホースもできる優れものです。注意したい点は、いろいろな方法と同様に使い方を事前に把握しておかないとならない点です。

動画で確認しよう！

 狭所ホース作成要領
一重巻きホースからの作成よりもしっかりとまとまり、１人でも簡単に出来る全延長、半延長からの作成要領を紹介しています。

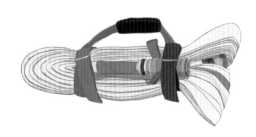

2　狭所ホースの使い方

　火点側に大量のホース余長を取ることが出来るようになった狭所ホース。複数人で重いホースを手繰るという動作を省略できるようになり、他隊とのホースが入り混じることもなくなりました。人員を省いて効率を重視できるのですから段取りや使い方も事前に把握が必要です。分岐媒介や連結送水管放水口の先にある狭所ホースの活用方法を長所、短所を含めていくつかのパターンを紹介します。

　狭所ホースは、使い方の事前把握が必須となりますので、事前に想定できる使い方をまとめてみました。

1．結合してから火点に向かう場合

　連結送水管放水口（以下「放水口」という。）に結合してから、火点に向かい延長する場合、肩にかけたまま火点に向かえば最長で40m空延長が出来ます。

　小さなデメリットですが、ネジレ（捻れ）が最大で約11回生じていますので、これを放置したまま充水すると、ホースがねじれてしまい最悪の場合放水ができなくなります。その対処として、ノズル元金具結合部を数回逆に回しておくとネジレ（捻れ）による通水障害を回避できます。

２．その場で即送水

　放水口位置から即充水、放水する場合は、その場にホース2本分（40m）を狭所充水します。

① 　放水口にホース結合、コック開（充水）
② 　バンドを外し、二つ折りを広げて輪をつくる（輪の一部を踏んでおく、または足、腕を入れておく）。バンド金具の形状によっては、②が先かもしれません。

　慣れるとこの順序は無駄の少ない方法になります。

　ノズルの元圧が規定値以上であれば、V字摩擦の心配はいらない。放水転戦は1人で最大40mの移動が可能です。

動画で確認しよう！

 狭所ホース通水、放水

3．火点位置から放水口へ結合する場合

　火点玄関に到着、その場で、狭所展開後に連結送水管放水口などに元金具を持っていく逆延長結合をイメージした動きにも対応します。

　これは、ベランダ上から地上へのホースの吊り下げる動作と同じイメージになります。

１．火点前に狭所ホースを置き、元金具を放水口まで逆延長します。

２．63ページの説明のとおり元金具を数回廻してネジレ（捻じれ）を取り除いて結合します。

4．縦狭所

① 狭所ホースといえども直径は1.2m以上ありますのでベランダなどでは円を描く広さはありません。そのような場合は輪に足を入れる代わりに腕を入れて壁に手を当てます。空ホースの時点から地面にホースを接地させておきます。

② 輪は崩れながら充水されます。水圧によっては裾や手指が挟まれたりしますが慌てなくても復調し、トントンと持ち上げると成形されます。

③ ノズルを開閉し空気を抜くことにより、成形することもできます。

5. 狭所展開する際、ホースを1本省く方法

離脱作業は、状況の勘案と勇気がいります。

「足りなかった」とはならないように慎重に行いましょう。

① ワンルームマンションの玄関前など、ホース1本で足りる見込みの場合、離脱を施し1本分を充水し、もう1本も第2線用として狭所ホースを崩さず離脱します。

② 2本のホースで色分けできない場合は巻き方を変えて模様分けをします。この場合、模様のあるホースだけを引き抜きます。

③ 引き抜きは「下」から1本分の輪を引き抜きます。結合部を離脱した時にどちらのホースの金具かを整理しておくことが大切です。

④ 第2線用のホースもすぐに戦えるよう備えておきます。

紹介したのは、ホースを1本省くときの一例です。他にもやり方はありますので、自分の方法を編み出すことも大いに考えられます。

動画で確認しよう！

狭所ホース離脱方法
残った1本も成形のまま後続隊員に残します。他のやり方一例

6．ヨコハマ巻きのデメリットと対策

　この方法は雌金具を内側から巻いているために空延長時の抜けが良いのが利点となります。その代わりに起こるデメリットと対策を紹介します。「使いこなす」と言うのは使いやすいを知ることではなく、使い難いを把握していることです。

　輪状に展開し、ホース内充水を急激に行った場合に輪が崩れる他に最初のループ（以降１ループ目）がその他のループの上に載ってしまい展開しづらくなってしまいます。

飛び出した１ループ目

その他のループ

　このような場合、１ループ目をその他のループの下を通して引き抜くことで解消されます。

その他のループ

引き戻した１ループ目

　上記状況を把握しており、改善できる眼を養うことが先決ですが、これらを未然に防ぐ方法もあります。次ページにて説明します。

空延長したホースはネジレ（捻れ）を解いて結合します（63ページ参照）。

ベルトを外し輪状に展開したならば画像の様な形になります。

この時に1ループ目の黄色のテープ辺りのホースをまとめて下側へ反転させます。

この反転させたテープ周辺のホースをまとめて片足で踏みつけます。高圧にも耐えられるようにしっかりと踏みながら充水させると1ループ目の飛び出しを抑え、転戦しやすいループが出来上がります。4.5ループ辺りから安定して充水されるので足を離しても大丈夫です。

動画で確認しよう！

実践的な狭所ホース作成（踏む位置）
輪を整頓させる一工夫です。

動画で確認しよう！

バンドをしたままでの充水方法と携行方法
急激なコックの開放は、火事場ではあり得る活動です。バンド結着した状態からの充水がより実戦向きです。

結 語

ヨコハマ巻は火災対応として万事に備えることを見据えています。

ノズル隊員の他にループなどのホースを管理、操作する隊員がとても重要です。狭所という言葉から小さい輪をイメージする隊員がいるかもしれませんが、利点は輪が作れることではなく、火点側に十分なホース余長ができることです。

７．効率的な移動方法

　狭所から狭所への移動する場合、40mmホースならば２～３ループ、50mmホースならば１～２ループを携行していく方法を身に付けましょう。

①　出来上がった円よりもさらに小さい輪を作ります。両手を広げてホースを握り、中心を回ります。理由は引きずらない大きさにすることと小さい輪を作ることでどのホースを掴み拾いあげるかを見切るためです。

②　小さく作っても肩に掛けると輪は大きくなり始めますので小さめを心がけます。ノズルは肩から腕への回し方だと扱いやすいです。

③　必要なところまで担いで、余長ホースを火点側へ携行し、転戦用に控えておきます。

結束バンドの使い方

　結束バンドはホースから取り外す必要はありません。そのまま下敷きにして置けば、失くなることもなく、自分のホースの目印になります。

　また、結束バンドは、ホースの落下防止にも流用できます。

考察

　狭所ホースを使いこなすには、どの場面でもどのように使うかを対策出来ていることが前提となります。

　狭所ホースはいろいろな方法が出てきていますが、どれもが熟知している人のみが使いやすいモノであって、使い方を知らないならばとても使いにくい方法だと思います。

屋根上活動

屋根上活動

消防活動中に放水場所や進入場所を確保するために、はしごを使って建物上階に登ることがあります。登った先がベランダやバルコニーの場合は、足元が安定しているので消防活動はしやすいですが、急斜面の屋根だった場合に備えて屋根の基本構造を知っておくことが必要です。ここでは屋根の勾配や葺き方（種類）について紹介します。

1　屋根勾配

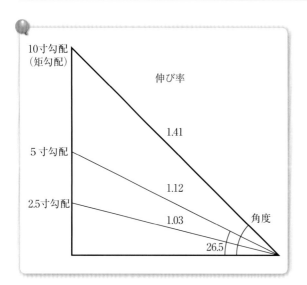

屋根勾配率

屋根勾配率	伸び率	角度
1寸（1／10）	1.00	5.7°
2寸（2／10）	1.02	11.3°
2.5寸（2.5／10）	1.03	14.0°
3寸（3／10）	1.04	16.7°
3.5寸（3.5／10）	1.06	19.3°
4寸（4／10）	1.08	21.8°
4.5寸（4.5／10）	1.10	24.1°
5寸（5／10）	1.12	26.5°
6寸（6／10）	1.17	30.9°
7寸（7／10）	1.22	34.9°
8寸（8／10）	1.28	38.6°
9寸（9／10）	1.35	42.0°
10寸（10／10）	1.41	45.0°

屋根の傾斜を表す建築用語です。

例えば5寸勾配は横に10進んで縦に5進む点を繋げた傾斜をいいます。この場合は傾斜角度26.5度になります。スキー場でいうと上級者コースの角度になります。

伸び率は1.12となり、屋根葺く時は、投影面積の1.12倍の屋根材が必要になります。

屋根業者が屋根を葺く時に6寸勾配から工事用足場が必要とされていますので、職人レベルでも危険な傾斜だという事になります。

私たちは防火装備を纏い、視覚を奪われながら足場は放水で濡れているのですから緩傾斜でも十分な対策を必要とします。

また、急勾配であっても工事用足場はありませんので登らなければならないときは判断材料と資機材の選択が重要です。

check point

尺寸法は昔の計測単位ですが、ここでは引用はしません。単位は使用せずに数値の比率による傾斜角度を感じて危険度を把握しましょう。

2　屋根の葺き方

屋根は葺き方によって勾配がきめられ、足場としての危険度が変化します。

【瓦】

　瓦葺き屋根は瓦を引っかける傾斜を要することから4寸以上の勾配が必要になります。瓦がのっている屋根は比較的急勾配だとして良いでしょう。瓦上ではほとんど活動はできません。場合によっては引っかかっているだけの瓦を外して桟木に手足をかけると滑落は防げます。外し方は写真左のように、右手で上側瓦を持ち上げながら左手の瓦を外します。

※瓦屋根に関する告示基準（昭和46年建設省告示第109号）が改正され、令和4年1月1日より建築物を新築等する際には、全ての瓦の緊結が義務化されました。

【コロニアル】

　軽量で安価のスレート系、コロニアル葺きは3寸勾配以上から葺けます。屋根材を釘で打ち付ける施工なのでもっと緩い勾配でもよさそうですが、雨水の巻き込み侵入を防ぐための必要最小勾配となっています。

　滑りにくい素材ですが、日の当たらない屋根はコケが生えていて滑ります。滑らない材なので不意打ちを喰らいます。

　コロニアルは手道具で剥がせます。劣化していると楽に崩れます。

【ガルバリウム鋼板】

　金属系のガルバリウム鋼板はとても緩い傾斜、1.5寸勾配でも施工が可能です。つなぎが縦目だけなので雨水侵入がないからです。鉄材なので放水によりツルツルに変化します。急速に火災が進行してしまい、家屋（屋根）を破壊せざるを得ない場合は、トビ口など破壊器具が有効です。

ポリカーボネート波板

塩化ビニール（ガラスネット）波板

【波板】

　建築基準法によるところの屋根ではなく、下屋、庇などの後付けの屋根に雨避けで用いられる屋根は、不燃材ではありません。

　野地板や防水シートを不用とし、そのまま桟木に釘で打ち付けて使われています。

　塩化ビニール、それにガラスネットを配した材料やポリカーボネート、アクリルなどがあります。叩いて割れれば塩化ビニールです。ポリカーボネートの強度は高いですが、塩化ビニールは脆く割れます。暗がりで判別はできませんし、薄いプラスティックに体重を乗せるのは勇気がいります。どちらにせよ活動する場合は釘目（桟木）に乗りましょう。

動画で確認しよう！

ポリカーボネート	塩化ビニール
屋根破壊進入要領	**屋根破壊進入要領**

3　屋根の構造

　　母屋　棟木　けらば

　　軒　　　棟木　　　けらば

check point

　表面だけではなく、構造まで知ると屋根活動での自信がより一層つきます。

　一番高い所にある横架材（柱などの垂直材に対して、直角に渡す部材のこと）が棟です。その下に位置する横架材を母屋といいます。

　屋根が抜け落ちようともこの横架材は小屋組、家の主要構造部なので崩れる時は火災最盛期以降です。赤線部を「けらば」、緑線部を「軒」といいます。「けらば」は傾斜の端となります。「軒」は雨水が流れ落ちるところです。

　「軒」は屋根の低い位置にありますので安易にはしごを掛けて進入しようと考えがちな部分ですが、雨を凌ぐための傾斜が利いているため、落下危険が非常に高いエリアとなります。

考 察

　屋根上活動は、男気とかは不要です。経験と知識です。その２つを兼ね備えてなおかつ、「危険だ」を忘れてはいけない場所です。

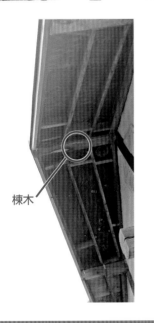

内側から見た「棟」の状況

内側から見た「母屋」の状況

4　屋根活動

「屋根に上がる」だけで身体的、精神的を負担を強いられていたら後に続く屋根上での消防活動はできません。身体が駄目だと教えてくれるからです。例えば、軒から登る場合は四つん這いになって「滑る」と感じたら「滑落する」しか考えられなくなります。雨風、火災から家を守っている屋根ですから、そう簡単には活動をさせてくれません。それでもできることはありますので紹介します。

どのような形状の屋根でも「棟」は活動ができる部位です。

屋根活動は棟に上がることを最優先とし、資機材を活用するならば、かぎ付きはしごを棟に掛けることで、そのはしご長3.6mもしくは3.1m（左の写真ははしご長3.1mを使用）の行動範囲が出来上がります。

はしごを掛けて屋根に上がる時に低い位置にある軒からの進入は乗り移り時が最も危険です。

上がる屋根が破壊できない隣家の屋根などの場合、手がかり、足掛かりとなる箇所は、雪留め、テレビアンテナ線そして「破風板」くらいでしょう。

どれもが支点として貧相ですが、無いよりは助かる存在です。それらに頼りながら少しでも摩擦面を広くして滑らないように登ります。

天窓も手がかり、足掛かりになりますが、ガラスの表面は滑ります。

　屋根が濡れて滑りやすく、その上暗がりで危険を感じる場合などの移動は座位がメインとなります。したがって行動速度は想像以上に遅延します。

　軒での活動は下を覗くことも困難なので、「けらば」からの活動が主となります。「けらば」の活動でも地上から見るとほぼ頭しか見えません（写真左）。喧騒とした現場は声も届かないので、時には伏臥位になって地上隊員と会話を要します。

　瓦屋根の場合、破壊してもよい状況ならば瓦を外して、桟木を足掛かりにすると状況は一変して良好になります。

　棟にカギ部分を掛けた梯子は重宝します。現場にあるかもしれない脚立も便利です。

　鉄板系屋根の場合、火災が進行して破壊ができる状態ならば先端が鋭利な手道具やとび口が重宝します。

　先を尖らせておくと軽いスイングで刺さり、身体を預ける事ができるので屋根上活動の行動範囲が広がります。

　屋根上放水をするときは、通水ホースすべてを屋根面につけて摩擦係数を稼ぎます。また、棟を跨がせて重量を案分して滑り落ちないように配置をします。

　どちらも疎かにするとホースは落下し、活動どころではなくなります。

　送水コックの閉鎖、開放を繰り返すとホースは動いて屋根から落ち始めます。それに気付かずホースが屋根から大きく落ち込み始めると自分も巻き込まれる可能性が高いので十分な監視の下、放水を継続しないとなりません。

check point

　これは6寸勾配屋根で黄色く見えるのがコケです。濡れるとコロニアル葺きでも滑落します。

check point

　3寸勾配屋根はかなり楽な傾斜ですが、一度放水で濡れると表面がツルツルしてしまい、四つん這いでの移動が確定します。前腕や下膝部など広い面で接地させて摩擦をつくりゆっくり進みましょう。

考 察

　屋根上での消防活動は危険なので、本能的に自己防衛力が働き慎重になります。しかし、命綱等の身体確保があると、確保がある事への安心感からか注意力が散漫となり注意力が低くなります。確保ロープの位置や長さによっては自身のことだけでなく周囲の人やモノを巻き添えにする可能性も視野に入れて活動しましょう。

　屋根上は、滑る、落ちる想定をしておくと痛みは軽減します。慣れを取得するまでに多くの経験を要する事になりますし、慣れ以上に注意力を持たないと屋根に上がってはいけません。

消防現場の記録帳

　未明の火災で屋根からの行政放水（花見放水ともいいます。安全な位置から動かず放水することです。）を命じられました。夜明けまで続けた屋根上放水で後方に背負う建物を延焼から守り切ったのはよい思い出です。

5　屋根破壊進入・垂直換気口の作成

屋根を破壊してのベンチレーション（換気）は、海外の消防では教科書に掲載されているほど有効な技術ですが、日本ではあまり馴染みのない技術です。日本の建物構造でも垂直換気口の作成自体は難しくはありません。日本では居室内の狭小や伝統的消火方法となる多口放水がその方法を阻んでいると考えられます。ここでは屋根から2階居室内に進入できるくらいの開口方法を紹介します。

建物に葺かれている屋根材は、不燃材で防水防風雨素材が使われています。これらを釘や鉄線で締めていたり、載せて掛けているだけであったりしますので、棟から分解ができますが、火災時には分解している時間はありません。破壊開口ならば、コロニアルや鉄板の場合、エンジンカッターで野地板まで一気に切断し開口できます。

3辺をカットしてめくった鉄板（クリーム色）、防水シート（黒い紙）木肌色が野地板です。野地板は15㎜厚のベニヤ板程度なのでハンマーで叩き打ち破壊します。

瓦屋根の場合は、エンジンカッターがなくても破壊器具だけで開口作成ができます。

瓦は手で外せます。

かぎ付きはしごなどがあれば、横さん上に並べて置くことができるので、外した瓦を屋根から落とさずに保管できます。外して見えてくるのが桟木、防水シートそして野地板です。

アッキス刃先で野地板を切り折り、背打ちで破壊を使い分けて開口部を作ります。屋根垂木が見えています。その下の横架材が母屋でそれを支えている小屋束も見えています。屋根垂木を叩き打ちで破壊すれば屋根の開口は完了です。

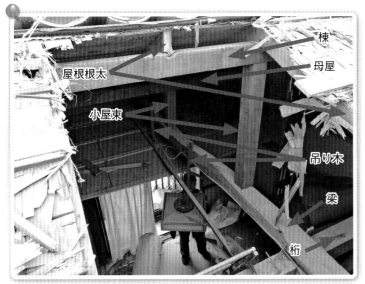

1kgのハンマーなら材を選ばず叩き壊せます。夢中になっていると作成中の未完成の開口部に乗っていたり、軒の方まで後退し落下することも十分考えられます。道具の滑落は地上隊員に危険ですし、道具を失うと任務が終了します。

傾斜地の破壊活動は平衡感覚が地上とは異なります。現場ではこの違いを失念しがちになります。

屋根を開口すると小屋組を確認することができます。ホコリが堆積している床面に見える場所が天井です。天井は吊り木で釣ってある薄い板面ですので、母屋や桁を脇で抱えながら蹴落とせば天井は落ちてしまいます。吊り木の細さからわかる様に乗ることも出来ないくらい弱い構造です。

動画で確認しよう！

上階から下階への破壊進入要領
屋根より安全な2階畳部屋から1階に降りる動画を撮影できたので参考にしてください。

考察 🛈

海外の消防でも垂直換気法作成による事故は非常に多いと聞いたことがあります。傾斜地上から重量破壊器具を用いて下階までの換気口を作るのですから、傾斜、高所、重量と危険要因の揃い踏みです。

屋根開口部作成だけみると枠組壁工法よりも在来工法の方が手道具だけで作成はできますが、出火室直上に開口部を設定するには至難の技です。そして、屋根からの換気や進入が重要かというと危険度の方が高く、実効性は乏しいと感じます。

筆者が屋根破壊進入、垂直換気口作成を紹介しているのは、屋根、天井の構造を理解するためです。燃焼空間や焼失する部位、順序などをイメージして消火技術を開化させましょう。

消防現場の記録帳

屋根に開口部を作成する前に一度、居室内に入って大凡の目途を立てて開口部作成を行いますが、思った通りにはいきません。理由として、居室内の都合よりも屋根上での開口部作成箇所は限られてしまうためです。棟に近くて軒から遠く、小屋組が無い所…、ココだと思ってもグルニエ（屋根裏部屋）だったり、押し入れの上だったりと垂直換気にはならない事があります。

6　人梯の活用方法

災害現場ではしごを要しない高さ（概ね1～3ｍ）があります。それでもはしごの活用が無難なので消防車へ取りに戻ることになります。このような場面で有効なのが「人梯」です。現場では、あまり日の目を見ない「人梯」ですが、一度取り入れると欠かすことのできないスキルツールとなります。今一度、道具不用のスマートツールを確認しましょう。

人梯を行う条件は、相手は鉄ではない生身の人間であることを根底から理解することです。

そのために「荷重を分散すること」、「蹴り上げないこと」、この2つの条件を守らないと土台となる（踏まれる）隊員は受傷し、その隊活動から人梯というツールが消えることになります。

登る隊員は壁に手を当てるだけでも、指先で何かを掛けるだけでも荷重（体重）は分散されます。

check point
あと少しで登れる時でも跳ねる動作は禁忌行為です。

土台隊員は踏む場所を指定します。

主に大腿骨近位骨端（足の付け根）、肩と頸の間、頭、掌で行います。

大腿骨近位骨端は登り手にとっては平ではないので踏みづらいですが、一瞬でも全体重が土台隊員にのし掛かりますので痛みのない箇所を踏む必要があります。

2人とも低い姿勢から伸び（立ち）上がります。登る隊員は人の上に乗った不安定状態から立ち上がりますので、掴むものがない場合は、左右のバランスを保ちながら手を壁に沿わせながら立ち上がると、姿勢が安定します。

次のステップは主に肩と頸の間、肩掛けカバンの掛かる部位です。

登る隊員は足裏の面で乗るイメージを心がけましょう。

頭は、頭頂部です。この中でも登場頻度は少ないですが、土台隊員の両手が塞がっている時に一時的に要する時があります。

繰り返しますが跳ね上げは厳禁です。

登る隊員が土台隊員から離れられる時は腕が目標物を掴んだ時です。

土台隊員は開いている足を揃え少しでも高さを出します。その後、上半身で上ろうとする登る隊員の片足に積極的に掌を差し出すととても良い補助となります。

check point

土台隊員は積極的に掌を差し出しましょう。登る隊員の良い補助となります。

　登る隊員が両腕に荷重を掛け身軽になったら、垂れ下がっている足裏部を掴み、壁に押し付けながら支えます。下から支えるよりもお互いが楽です。これをやるとやらないはでは大違いです。

check point

　登る隊員の靴底が汚れていることを予見して、土台隊員は保護メガネを装着しておきましょう。

　土台隊員は、一段目となる踏み位置を低くしたいのですが、低くしすぎると相手の体重に負けて支えられなくなります。
　登る隊員は動きにくい防火ズボンを着用しているので、登る隊員は自分の腕で膝を高く持ち上げましょう。

check point

　登る隊員は、土台隊員から「軽いな！」と言わせるくらい四肢に体重を分散させましょう。

考察

　人を踏む、人に踏まれる。一般的にイヤな表現で使われているかも知れません。
　踏み台という道具ではない、「人」を踏み台にする（される）のですから最大の敬意を持ってお互いが取り組みましょう。

消防現場の記録帳

　専用住宅や木造アパートでは、はしごを使うまでもない場面が多いです。脆弱とされている、雨樋や庇を手掛かりにして登るときには、この人梯を活用し、それらの手掛り部を壊さないように荷重を分散させて登ります。場合によっては携行資機材はロープだけにして身軽に登ります。

ツリーハウスづくりから学んだこと

　小さい頃、色々な道具を携えて屋根に上がり仕事をしている大工さんを見てカッコイイな！と憧れていました。しかし、十数年後に就いた仕事は消防士…。

　消防士になってからは非番日に、屋根職人になった同級生や解体業に携わる友人の手伝いで屋根に上がり、小さい頃の夢を叶えたような気でいました。ある日、大工の夢を捨て切れずなのか使わなくなった廃材（横架材）で、自宅の庭先にある木を使ってツリーハウスを作ろうと思い立ちました。

　ツリーハウスは木の上に土台（デッキ）を作り、その上に小屋の骨組みを作り、壁を張り、屋根を乗せて窓を取り付けるという手順が一般的な作り方です。

　ツリーハウスは土台作りで全てが決まります。まずは重さ50kgはあろう横架材を高さ６ｍの位置まで持ち上げるために、片側をロープ結着、それを数メートル持ち上げて樹と材を仮結着、そして、もう片方のも同じように持ち上げ仮結着と、これを交互に何往復（木登り、ロープ解索、持ち上げ、ロープ結索）も繰り返し、４本の横架材を同じ高さに並べて完成です。

　消防で習う基本結索は安定した平面に両足で立ち、両手で重さの掛からないロープで結索をとるものですが、ツリーハウスでは幹に足を絡ませながら、材料を持ち上げながら、固定しながら、長いロープを操りながら、ロープ結着した材に乗りながら、危険を排除しながらと、ながら続きで作成しなければなりません。

　高い所に上るにつれて幹は細くなり足を絡ませるだけでは不用心なため、作業姿勢を安定させるために身体確保ロープを装着します。チェーンソーを使っていて、そのロープを切りそうになることもしばしばありました。

　ツリーハウス２基を独りで建てて得た経験は極めて大きかったです。ロープの取り扱いだけでみても消防で習う技術がどれだけ基礎（スタートライン）の教育であるか、現場はその基礎からどれだけ離れている場所にあるかを連想し、経験させてくれました。

　基礎が無ければ、ツリーハウスを作ろうなど考えもしませんでしたが、基礎だけでは何もできないことを痛感しました。

　その他にツリーハウスを作っていて、気づかされたことはたくさんあります。
・１人よりも２人、３人の方が早く、確実につくることができる。
・趣味事は時間をゆっくりとかけられるが、火災現場は時間が限られる。
・建物構造や構造強度が理解できる。

　大工さんにはなれませんでしたが、あの頃の抱いた夢と同じくらい高い所に上がり、色んな道具を使って明け暮れていることが出来ているのかもしれません。

7　防火装備時の障害物通過

　マンホール進入時などの閉所活動では、空気呼吸器を外して進入する方法がありますが屋根破壊進入のような、火災対応においては完全防火着装がスタンダードのために装備を解くことはありません。防火装備時の自身の幅員を把握し、自分の装備の引っかかる部分を抽出しておくと進入や救出時に焦りが一つ減ります。

　狭い所を通過するだけでの訓練ですが、動きの多い訓練よりもハードです。脱出できない場合がありますので二人以上で行いましょう。

　空気呼吸器を背負うか否かでかなり様子が変わるのが分かると思いますが、保安帽から防火帽に変わるだけでも感覚が変化します。

　どのような形、材質でも良いのですが、今回は30cm×90cmの開口部を通過します。

check point

動きの多い訓練よりもハードです。

空気ボンベの頭

エアー調整器

　私たちの装備で一番障害物となりやすいとされるのが空気ボンベの頭です。この位置を理解していると幅員を掴む第一歩となります。これを皮切りに逆面に位置するエアー調整器などの胸部、腹部の装備が邪魔をすることを確認します。

　頭からの進入通過ができたら、足から進入します。空気ボンベの頭の逆にある保護枠が障害となり、胸部、腹部にある装備は逆方向だとすり抜けるのか引っかかるのか身をもって体験できます。

進入幅が30cmとなると装備だけではなく身体の使い方も重要です。特に肩は進入を先行させる場合や装備の位置をわずかにズラす場合などテクニックが必要です。

check point
装備の位置をわずかにズラす場合など身体の使い方も重要です。

離れている装備は、忘れていると千切れてしまうこともあります。自分と一体であるのならば視覚に入らずとも気が付きましょう。

check point
装備が千切れてしまうこともあります。気を付けましょう。

考察

　日ごろから携行している資機材のままチャレンジすることで、「露出している道具をポケットに入れておこう。」などと気が付くようになればよいですね。

　今回は鉄枠を使用しましたが、紐だったならば引っかかりながらも動けるのでその反作用などに気付かず危険を導いてしまいます。電気配線などは切れないうえに絡まりだしたらパニックに陥ります。この訓練を行うたびにどこに何がどのように当たった、引っ掛かったかを把握しておくと活動にまた一つ落ち着きが保たれます。

消防現場の記録帳

　隣家から出火棟バルコニーに移るとき、空気呼吸器保護枠にすっぽりと焼損により立て掛けられていたと思われる竿が刺さったことがありました。

　火元に第一進入隊員として筒先を受け取り放水開始、輻射熱こそ免れることができましたが、消火に成功した大量の白煙を竿に縛られたまま喰らうことに。こういった訓練を積んでおかなければ何がどうなって動けないのか分からずパニックになっていたでしょう。

8　建物徒手登はん

　高い所に登る時にはしごや人（人梯）などを活用する方法を紹介してきましたが、そもそも単身で上ることはできるのかという疑問を持っていても当然でしょう。むしろ、その疑問やイメージを持っていれば高さや強度に洞察力が備わっている状態です。ここでは、やってみて気付く安全確保行動を紹介します。

　雨どいは割れるから握るな。とか落ちたらどうするんだ？ とか制限をかけられると、できるモノも出来なくなります。挙げ句の果てには想像もしなくなります。

　雨どいは握って割れる強度ならば、手掛りにしない方がよいでしょう。雨どい取付金物はアリです。

　私たちは全体重を預けることはしませんので手がかりになれば十分な強度です。

　落ちたらどうするんだ？　という問いかけには2つのハードルがあります。

　一つは落ちるつもりなど毛頭ないという意思。もう一つはその問に勝るスキルを身に付けることです。

　この2つをクリアするには自信が必要です。自信とはやったことがあるかないかから始まり、やり込んでいるか否かで自ずと決まるものです。

　落ちたらどうするんだ？　の質問に尻込みするのならば、自信がないので違う方法を選択しましょう。

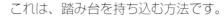

これは、踏み台を持ち込む方法です。

アコーディオンゲートは車輪で動くし、ゲートは伸び縮みするのでグラついて不安だという人もいますが、荷重を分散させたときの足場としては重宝します。

この他にも地上には移動式の足掛かりがいくつもあります。

自動販売機やポストなども上がってみると視界が広がります。

活動の序章に過ぎませんが、気づきは活動を前進させます。そして、持ち込んだリスクに気づければ自信がまた一つ着くでしょう。

建物だけに眼が行くことがないように外側にある電柱などの固定物を使って体を張ると下屋にも上がりやすくなります。環境を味方につけて少ない時間で登れるようになりましょう。

　これは、経験をしておいてほしい下屋の登り方です。軒から軒へ上がると傾斜から傾斜に重心を移すので見ている以上に外側に力が働き、落ちそうになります。

　屋根材を掴む（摘まむ）ことで重心を保って上がります。

　これは上がれたことを評価するのではなく、屋根の静かな危険を体感することで不安全行動を事前に抑止できる効果が期待できます。

　建物徒手登はんで基本となる動きは高い所を掴むことです。しかし、これも応用かもしれませんが重心を高い位置に安定させるために下部を持つこと（右手の使い方）を気付けると視界が広がります。

　普段は使わない窓枠上部なども身体の安定に重宝するグリップポイントです。

結　語

　少し消防活動から外れているように思う方もいるかもしれませんが、これらを体験することで確実な活動を色濃くできると信じています。

　何も難しい、危険なことをすすめているのではありません。高所活動の基礎として知っておいた方が良い事です。読んで理解をしてもらうための本のはずですが、やってもらうことが何よりも早い理解となるでしょう。

はしご

第5章 はしご

1　はしごの基本

　はしごを活用する側から見た、理屈ではなく実践で得た方法を案内します。皆さんには、出来る限りこれから紹介する方法を実践してみて危険を感知し、はしごを使いこなす能力を身に付けてほしいと思います。任務を遂行する上でシンプルで効率的な活動は必ず安全な活動に繋がります。

　第5章では、はしごの使い方を紹介します。

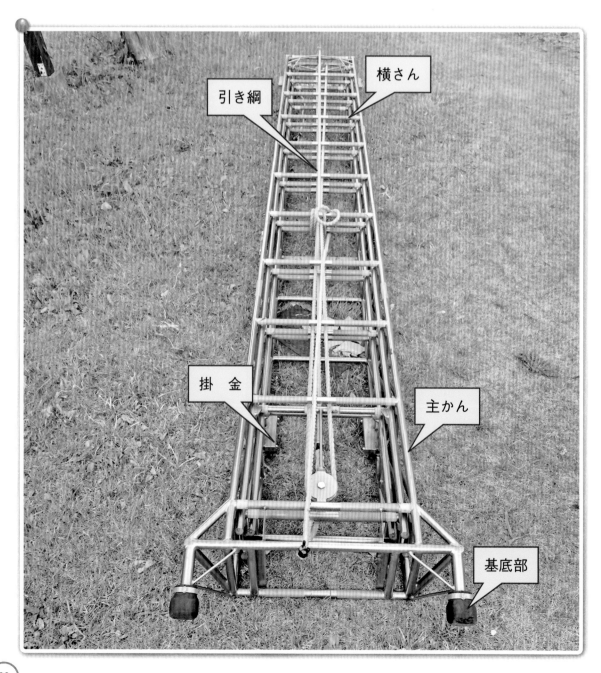

　はしごは、安定した水平地盤面に基底部を置き、強固な壁に立て掛けます。
　傾斜角は75度での使用が原則です。

　基本である「傾斜角75度」を守っていれば安全だと思っていませんか？　平常時こそ基本が安全ではないことを確認しておきます。
　左の写真は、コンクリート打設の地盤面、6寸勾配切妻屋根にはしごを架梯した状態です。正面からの撮影だと安定した状態のように見えますが、上部左主かんが接地していません（次頁上写真参照）。

　左の写真のとおり、上部の主かんの接点は右側だけです。屋根勾配が急になるともっと離れることになります（黄色テープ）。

　アルミ製（弾性素材）はしごならば、左側にネジレ（捻れ）て両主かんは設置しますが、三連はしごは鋼性素材なので、右脚基底部が浮いたり、上部接地主かんが滑り出すことが予見できます。

　消防隊員が消火器具を左肩に持って登梯すれば、転倒を助長することが予測されます。

check point
　基本活動は安全だと思い込んでいると、ひときわ危険な活動となります。

　確保員が居るから安全だという考えは危険です。高所になればなるほどテコの原理による作用点は大きくなり確保員の負担は増していきます。

はしごの右脚基底部が浮いて押さえていても支えられないくらいの力がはしご基底部に加わっています。

この面で屋根に上がらなければならないのならば、棟にはしご先端部を立て掛けて上部を安定させることが1案となります。

立て掛けることを優先するとこの案となりますが、棟は建物の一番高い所になるのではしごの長さが足りないかも知れません。

消防活動は2案、3案も勘案し、実行しましょう。

check point

登梯するだけではなく、進入、退出を必要とする場合、軒先（雨どいがある部分）は活動禁止部分ですから屋根に乗り移るにも危険を伴っているという認識が必要です。

考察

はしご活動は随所に危険が潜伏しています。だからといって、危険だからやるな！ と言いたいのではありません。むしろ、やり込んでほしいです。。

はしご活動は消防の前身、火消しから続く歴史あるお家芸です。使いこなせば活動の幅は拡大されます。裏返すと、使い手次第によるところの大きい資機材の一つです。火災現場で初デビューという使い方にならないように、時間を掛けて使えるようにならないといけません。誰が見ても危うい活動にならない、十分な理解と幾多の経験の下、使いこなすことができる1人になりましょう。

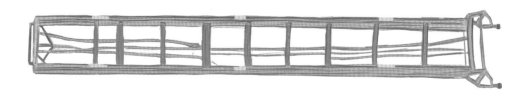

2　積載はしごの降ろし方

　はしごを使う前に消防車両の積載位置について確認します。はしごは資機材の中でも使用頻度が高く、長尺ですので比較的取り出しやすい位置にあります。はしご昇降装置は自動、手動があり、降下法は後方、側方と様々ですが、配置場所はどの車両も上部積載です。ここで紹介する積載はしごの降ろし方は、艤装会社が設置したはしご昇降装置では行き届かない場合の降ろし方です。

　左の写真のようなはしご昇降装置の場合、後方と上方に数mの空地がないと装置が機能しません。昇降装置が使えないから車両を移動させるのではなく、自らが車両上部へ上がり、はしごの脱着を行えばよいのです。

　車体の朱色に塗られている外装部分を痛めてしまうことはできませんが、手摺や縞鋼板は使われる事を前提に覆われた部品となります。
　色で分けるならば、赤が×、銀が〇でしょう。
　今一度、自隊の車両の上部に上がり、その狭さと高さを理解して、安全姿勢や立ち位置を再考すると良いでしょう。

　災害時に何が出来るのかですから、暗くても雨が降っていても隊員自らが車両上部に上がり、はしごを降ろす事ができることが肝要です。
　前後左右すべてから降ろすことが出来ると他の活動隊員の邪魔にならない場所を選べるようになります。

3　積載はしごの運び方（2人）

　はしごは、どんな種類のはしごでも主かんの間に肩を入れて担ぎながら運ぶことが基本です。利点は体幹近くではしごを確保しているので、長距離搬送にむいています。しかし、この基本がもたらす注意点（搬送時の周囲接触注意箇所）は、前隊員がはしご両主かん先端突出部（赤丸部）で、後隊員は両基底部と隊員間中間部（青丸部）になります。

　欠点としては、肩に掛けているので、はしごと身体が密着していて取り回しが悪く障害物を回避しづらいことです。

　これを改良した搬送方法が手先ではしごを持つ方法です。両隊員の注意点となる先端部、基底部付近を握ることにより搬送時の接触事故は皆無となります。しかも、手先で握っているので腕の長さ分はしごの移動と挙動を操作できます。

　注意点として残る中間部は広くなります。しかし、後隊員の注意で十分賄えます。従ってはしごが外部と接触することが大幅に少なくなります。このことにより、前隊員は後隊員を牽引する、後隊員は接触などの回避のためにブレーキを掛ける、という分担を行うと基本搬送よりもかなり早く安全に搬送できることになります。

　三連はしごの場合、スライド固定をしていないと梯体がスライドしてしまいますので、注意が必要です。搬送中に伸梯しないようにしっかり握りましょう。

4　かぎ付きはしごと三連はしごの運び方（１人）

１人で持つ、取り回すを心得ておくとはしごの持ち方や扱い方が安定します。
特にかぎ付きはしごは軽量でコンパクトなので、特性を活かすために必須スキルとなります。

【かぎ付きはしごの場合】

　かぎ付きはしごは８〜10kg程度の重量ですので身体に密着していれば重くはありませんが、長さが3.1〜3.6mと長尺なので身体から離れると重いどころか取り扱い不能になります。そのため、はしごの重心を把握しているとよいでしょう。

　はしごの重心を持っている時に前後の感覚を身に付けます。搬送しながら方向変換をするときに上下前後左右に感覚が必要です。
　特に死角となる後方は搬送時に周囲の物品にヒットさせがちです。かぎ付きはしごは室内でも取り扱えるように訓練をしましょう。

【三連はしごの場合】

　縮梯時は、3.5mと短い長さの三連はしごですが、重さがかぎ付きはしごの３倍以上になるので取り回しが緩慢になります。それでも重心を把握しておくと活動はしやすくなります。その後の活動を考慮すると三連はしごを１人で搬送できるのはホース１本分の距離くらいでしょう。

　立て掛けてあるはしごの角度を変えるとか、持ち上げるといった場合は、はしごが壁に重心があることを利用すると移動が楽にできます。

　背の高いモノを持ち上げるときは低い部分（基底部に近いところ）を持つと身体が伸び切らずに大きい筋肉で運べます。

check point

　75度架梯の場合、全重量が垂直荷重と壁荷重（摩擦含む）に分散されており、持ち上げ重量は軽くなります。

　壁の重心を利用せずにはしご全てを持ち上げる場合、高い部分を持ち支えたいので高い横さんを握ると持ち上がり量が少なく運びにくい結果となります。

　背伸びや我慢のある運動は危険因子が潜みます。このような搬送は悪い例です。

5　はしごの立て掛け方

　はしごの立て掛けは複数人で行えばそんなに難しくないですが、1人で出来ると複数人活動の有用性が一段と理解が深まります。1人で出来ることがはしごを使いこなす第一歩です。1人操作を熟知して効率の良い活動に結びつけましょう。

【基底部先行起梯】

　建物付近に基底部を置き、はしごを立ち上げます（①）。
　先端部を壁に立て掛けて75度架梯します（②）。

【側面起梯】

　基底部先行起梯の応用が側面起梯となります。接地面が1箇所になるので基底部が滑りにくく、搬送時の幅が狭くなるので閉所で活躍できます。

【先端部先行起梯】

　先端部を立て掛けたい壁面に沿わせるため、空地が少なくてすみます（赤線）（①）。狭隘地や高所障害物（電線）がある時に用います。進入方向から反り上げるように架梯するので応用力は高いですが、取り回しに力を要する場面があります（②、③）。先端部を壁に立てかけて75度架梯します（④）。

6　はしごの伸梯

　凹凸のない壁ならば、立て掛けて先端部を壁に滑らせながら伸ばせば転倒なく安定して伸梯できます。これを応用して4面全てに立て掛けてよい壁があれば転倒は皆無ですが、そんな都合の良い環境はありません。むしろ四方に壁がなくてもはしごの重心と引き綱を引く方向を正しく理解していれば1人で伸梯は出来るようになります。

check point

　垂直に立てたはしごは重心が重力と同じ後方に向いているので倒れることはありません。
　それでも隊員側に傾く場合は横さんに当てている脛部、壁側に傾く場合は引き綱で微調整しながら伸梯します。

動画で確認しよう！

三連はしご1人伸梯要領
転倒せずにバランスを取りながら引き綱を引くことがコツとなります。
　1人伸梯で隊員活動の省力化を目指し、迅速活動につなげましょう。動画は1人伸梯を強風の中で実施しています。

check point

　掛け金は両側、計4つの爪が掛かっていることを音と眼で確認します。その後、引綱固定結索を実施します。三連はしごは上爪と下ガイドの働きにより伸梯、縮梯が可能となりますので事前に機械構造の理解をしておきましょう。動作に節度がないと感じたらメンテナンスをしましょう。

消防現場の記録帳

　垂れ壁のあるベランダや窓へはしご先端部を入れる任務の場合、垂直伸梯してから伏梯すると上部壁に当たり、再起梯、縮梯、伸梯、伏梯となり、無駄な労働と時間を要します。

　三連はしごは動きが悪いこともありますが、斜めにした状態で伸梯できる訓練を積むのも一つの方法です。1人での限界を知れば2人での協力体制に無限の力を感じる事ができます。

　手を借りる、貸すがどれほど貴重な活動なのかを確かめるためにも1人操作は必要です。

7　はしごの架梯方法

　はしごの架け方は、上階の腰窓にアクセスするだけでもいくつかの方法がありますのでその方法などを紹介します。

　高所活動は1cm単位で安全か危険か判断されてしまいます。どれも同じではなく些細な違いが後の活動に大きく影響することを鑑みて取り組みましょう。

【窓にはしごを架梯する場合】

　基本に忠実に窓下枠を支点に60cm以上先端部を出します。窓枠内にはしご先端が入り込みますので左右の横転を防ぐことができます。しかし、小さい窓などは高さがないことから垂直に立てた状態から伏梯する時にはしご先端が窓枠上端に当たってしまいます。

　先端部を窓枠に入れてから基底部の位置を決める方法もありますが、今度は起梯時に窓枠上端が当たってしまいます。そして、開口部の大半をはしごが覆ってしまい進入ができません。また、開口部が広い場合、自力避難可能者が避難する時は突き出し量がある方が安心を提供できるでしょう。

【窓枠の上部に架梯する場合】

　前記同様、窓に正対し活動できることになります。高さがある分、室内をのぞき込む範囲が増えます。

　しかし、噴出する煙をもろに喰らいますし、進入はできません。

　放水は死角が多く、水損の多い消火になるのでおススメではありません。

【窓の左側に架梯する場合】

　壁に身を置くことが出来るので煙や熱を避けることができ、窓も破壊しやすいです。しかし、立て掛ける位置が高いと窓との距離が離れてしまい、窓に乗り移るには見た目以上に危険な距離感になるので下手な勇気を出さないように事前に経験しておくべき架梯方法です。

【窓の右側に架梯する場合】

　窓の位置が身体の右にあるか左にあるかで活動手順が大きく変わります。それは、身体にも利き方があるからです。

　ガラスを割る行為一つにしても利き腕で力を入れてコントロール良くガラスを割れるならば次の活動に移れるのですが、思うように割れないと継続して力を入れなければなりません。

　高所では、自分にとって都合のよい立ち位置を確保できないと効率の良い活動は難しくなります。

【窓の下枠に架梯の場合】

　進入、救出に適しています。

　低い位置からアクセスできるので火災対応に適しています。しかし、上の窓から噴出物が落下してくる危険性があります。また、破壊器具を肩より上で振り回さなければならないので、力が入りにくく、横方向転倒が起こりやすくなります。上部（先端部）に居る場合は速やかに強固な躯体に腕を掛けるなど身を預けましょう。

check point

　窓の下枠から先端部を突出してはいけません。

　進入でも退出でも少しの突出が開口部面積を減らし、大きな障害になりますので下枠以て下方に配置が望ましいです。しかし、数センチの突出に対して、掛け金を一段下に掛けてしまうと30〜60cm以上はしごが低くなることになります。縮梯はせずに架梯角度を変更して高さを出しましょう。

消防現場の記録帳

　窓への架梯方法を紹介しましたが、屋根やベランダへの架梯なども多く考えられます。はしごの架梯は、破壊なのか、進入なのか、救出なのか、消火なのか目的を絞らなければなりません。汎用すると危険が生じる場面も理解しておきましょう。はしごによる事故を防ぐには、はしごに居る時間を減らすことであり、鎮火後ははしごは使わず階段で下りるくらいはしご上に居る時間を減らすべきです。

8　はしごを転倒させない架梯方法

　はしごの一番の懸念材料は、転倒することです。はしごが転倒すると、人体、財産、本体に多くの損害がでます。はしごの転倒防止対策が行き届いていれば、消防隊員の負傷事故も減ります。ここでは、地盤が不整地の場合と傾斜地の場合の転倒防止方法を紹介します。

【地盤が不整地の場合】

　特に土は放水を受けて泥になり地盤面は悪化します。こういった場合、平たい石やフライパンなど基底部の設置面積を広くしておくと地盤面の安定は守られます。

【地盤面が傾斜地】

　接道が坂道または地盤面が傾斜している場合、横さんが水平になる様に敷き物を用意します。

　はしごに荷重を掛けた時に水平になるのが好ましいでしょう。

　地盤面から1段目の横さんが傾いていると最上段の横さんは大きく傾く結果になりますので水平を取るのは慎重になります。

check point

　三連はしごは安全基準を追い求めすぎていて使いにくい資機材になりつつあります。

　はしごの転倒をなくす方法として上部固定をすることがあげられますが、基底部をずらし角度を浅くするなどの方法をとると掛け金が外れて二連目が落ちる症状（中落）が考えられます。

上部固定を施すときはセットで連結部固定を
行い掛け金のはずれを防止しましょう。

check point

　転倒防止は地盤面に眼が行きがちですが先
端部で転倒の可能性を打ち消していれば、地
盤面の在り方はあまり影響しません。
　架梯をトータルでみて、はしごが落ち着い
ているのならば登梯可能です。

考察

　はしご活動の安全管理は積極的な行動対策にあります。
　訓練の時分から「ダメだ」「やるな」「危ない」では何もできないまま進歩はありません。ま
た、中途半端に確保を設定して安全だと思い込むのも危険です。さらに安全性を高めているつ
もりで、はしごの確保と身体確保そして搬送資機材確保を必要とした場合、確保ロープが多く
なり過ぎで、安全のためのロープが絡まり、引っ張られて高所活動がより一層難しくなり、危
険な活動になる場合が予想されます。
　これらを踏まえても安全管理を徹底する方法は組織によって様々です。目標を達成すること
を主軸に不安全行動を排除しながら活用方法を紹介しました。
　危険に見える方もいるかもしれませんが、行動をシンプルにし、少ない時間で目標を達成す
ることでリスクを減らし、労務負担も軽くし、ひいては安全で確実な活動を提案できていま
す。

9　はしご登梯方法

　三連はしごを75度架梯する場合、建物から基底部の距離は2m程度取らなければなりません。そのような好条件の現場ばかりではありません。ここでは、狭あい地でのはしご進入要領を紹介します。

　消防隊員がはしごを登梯する時、防火装備と携行物となる消火器具や救助器具を肩に掛けます。これは重量があり嵩張る状態となります。その上に現場は隣接建物などがあり、狭隘な幅員でのはしご架梯を迫られます。

　画像は上がりきった所でこの狭さですから基底部付近は解体シートが迫っています。

　現場は生垣が繁茂していたり、フェンスや壁が迫り障害になります。

　そのような障害物に自らが引っ掛かりに行くのは野暮な活動です。

　それらに応変するために登梯法は正面からではなく、側面または背面の空いている面から登梯します。

　障害物を回避したら正面に向かいます。

　登梯隊員は携行物や重量物を背負っているので重心は外側にあり、はしごは振れやすくなります。

　画像のあたりではしごの不安定感がありますが、確保員の理解があれば不安定を感じることは皆無です。

　確保が効いていてもはしごにまとわりつくように登りましょう。背面から最後の横さんを握る右手の使い方がポイントです。

　両主幹に荷重がかかる位置を選び、鉛直下に握り上がります。

check point

　確保員は転倒を未然に防ぐ動作を要します。

　そのためには登梯隊員同様の経験と熟知を要します。

　登梯員による転倒予想方向を事前に察知して転倒防止に貢献します。

動画で確認しよう！

背面登梯要領
はしごの背面からアクセスして登梯します。

75度以上（90度に近い）角度の場合は、壁荷重は軽くなります。

重心が背部に寄る防火装備を纏った消防活動ははしごが捲れ倒れる可能性が高くなります。

予見ができるのならば画像のように右ひざを内股（または外股）にして身体をはしごの重心に沿わせます。

降梯時は、はしごが振れないようになるべく下方の横さんに足をかけて重心に寄せて降梯します。

check point

常日頃から確保員に頼る登り方を身に付けているとはしごの揺れ方を察することができるようになりません。揺れを作らない活動こそが確保員の働きを知る近道となります。

考察

はしごの転倒で多いのが、①底ずれ、②横転、そして③捲れの順番だと電気業者に聞いたことがあります。消防活動時のはしごの転倒順位を調べたことはありませんが、経験で横転が多いのかなと思います。具体的には上部接点の摩擦の無さから起きる転倒、放水の反動力における転倒などがあげられます。他業種に無く、消防は建物にはしごを立て掛け並べることが多くなりますので、将棋倒しは避けたいものです。そして横転する要因は梯上に人が居るから起きる可能性が高いことから、無意味な梯上活動は減らすべきだと考えています。

登梯時にはしごの安定を行ってくれる確保員。彼がはしごの転倒に対する恐ろしさを理解していれば登梯員はどれだけ心強いか計り知れません。むやみやたらにガッツリ確保しているだけではなく、任務が完了するまでに縁の下の力持ちをしなければなりません。確保員のスキルをあげるために登梯技術を個々であげて、手厚いチームワークを作っていきましょう。

若さの売りは疲れ知らずとモノ知らず

　若者が熟練者よりも秀でているモノがあるのならば、それは間違いなく、馬鹿さ加減です。

　馬鹿さ加減とは持て余した体力とモノを知らない若さのことです。

　悪く聴こえるかもしれまませんが、長所として捉えてほしいです。

　筆者は今まで様々な失敗や痛手を経験として積み重ねてきました。そのひとつ一つを心身に刻み込み、学習し、今となっては馬鹿さを抑え、無駄のない活動をつくりあげるまでになりました。

　力みなぎる皆さんには馬鹿さ加減を持って、何度も何度でも挑戦し、酸いも甘いも噛み分けて今を充実してほしい。そしてどんな嫌な経験でも大切にし、記憶してほしい。

　加減などは客観的評価による呆れ具合なので、曖昧な評価です。気に留めず惜しみなく若さと体力の放出をおススメします。

　そして、そのような曖昧な評価者に一矢を報いるべく、彼らの経験値を見直す機会を与えて欲しいです。

　出し惜しみせずに馬鹿さを振りまいて、いずれ変換されていく良質な経験と引き換えて消費してほしい。経験は学では味わえない価値が備わっています。

　特に消防活動は制約された時間での活動であるが故に考えるよりも経験が判断材料になります。

　経験といっても色々で、失敗や嫌な事は忘れようとし、泣き寝入りになりがちですが、それはもったいない。その経験は良い経験よりも悔しさや情けなさから次に向かう原動力になります。原動力にならずとも寛容さが養われることもあります。

　良い物、カッコイイものに捉われず、泣き寝入りせずに愚直な姿勢で取り込んでほしい。もしかしたら愚直な姿勢こそが本当のカッコよさかもしれません。

　私が若者よりも秀でているモノだと胸を張って言えるのは「失敗の多さ」に他なりません。

　受動的経験から大したことを言っていないのは承知ですが、「もうその失敗はしない」そう言えますし、未然に防げる自信があります。知識や学はそれに箔をつけるために後から装っているだけなのです。

10　はしご上での作業姿勢

　災害に対応できる作業姿勢とそうではない危険が潜む姿勢があります。自分にとって、周囲にとって安定している姿勢が肝要です。

　ここでは、来たる災害に立ち向かえるように梯上作業姿勢について紹介します。

　作業姿勢の代表的な方法として膝確保、レッグロックなどと言われている方法があります。

　道具を使うよりも身体を絡めているため効果の確認は絶対です。

　上横さんに膝を掛けて、足の甲で下横さんを押さえ付ければ確保の完成、上半身の可動域を大きく活かせます。しかし、長期活動では片足部の負担が大きく、バテるとすべての活動に甚大な影響が出ます。

check point

　膝確保を行うときに一歩手前で両足を揃えてから作業姿勢に入るのは、初級者の行う行動です。立ち止まらず登梯しながら膝確保に移りましょう。高所作業を多く経験しているとこの行動一つを見ただけで先の行動が不安になります。

　その他に一つの横さんに両足を乗せながら登梯する活動も案じずにはいられません。

　身体に負担なく梯上（軽）作業するのであればこういった姿勢を推奨します。

　横さんに座り込むような姿勢で作業する姿勢です。または、腕で主かんをホールドしながら両手で作業する。

　リラックスポジションは必然と重心が真ん中にありますので作業姿勢には有効です。上半身または下半身、どちらか片方でも十分です。場面によって使い分けをしましょう。

　両足で立ちたい（踏ん張る）場合は、確保ロープを用いると良いでしょう。自己確保に荷重を掛けることは良くはありませんが、一つの方法として紹介します。

　確保は入りやすく外れにくい方法を取り入れてください。この場合は鋼体と鋼体結合なので安全環は必須です。横さんをロープが横滑りすることも想定して使いましょう。

　重たい資機材を持ちながらの高所作業姿勢は本人も見ている方も気が気ではありません。

　身体から重量物を解放させましょう。

　どのはしごでも先端部は荷を掛けることができます。

　重量物を移動させる時でも省力化に努めます。肩に背負っていた資機材は肩とはしご先端部を密にして乗せ移します。携行物を身体から力づくで離す動作は最小にしましょう。

check point

　作業姿勢は、両手を使える状態をいいます。片手ではしごを掴みながら、というのは身体確保としても作業姿勢としても中途半端で黄色信号の活動です。

　この場合、作業を効率よく確実に遂行するためにも両手で手道具を持って活動が好ましいでしょう。

はしご登梯方法のまとめ

　極力梯上には滞在しない方が良いのですが、来たる災害に対応するために梯上作業姿勢について紹介しました。高所のおける最良の支点ははしごではありません。はしごを立て掛けている建物躯体です。

　作業姿勢時に身体を預けることができるならば、はしご以上に建物躯体に身体を預けましょう。

11　1人での救出方法

　火災救出時の環境は極めて劣悪だと思慮します。ほとんどの感覚が不穏な状況にあり、少しでも環境改善のために屋外空間へ搬送を試みます。ある程度の視界やフレッシュエアーを確保できるベランダは十分な安全区画となりますが、要救助者の容態変化や被害拡大を防止する観点からより安全な地上への搬送も視野に入れなければなりません。ここでは、ベランダから安全な地上へ降ろすためにはしご救出隊員へ引き継ぐベランダ壁（以下「パラペット」という）に乗せるまでの搬送方法をご紹介します。〈P.128の「ベランダとバルコニーの違い」参照〉

　日本のベランダなどは1人しか対応できない広さであることが多いです。住宅のベランダなどはアルミ製で、プラスティック床という軟弱なベランダも存在します。それに対応するために、狭隘かつ重量制限も見据えて1人での救出スキルを身に付けます。1人で自分の体重+20kgの要救助者を救出するのが目的の方法です。左の写真は、広い鉄製バルコニーですが、プラスティック床で、鉄製床根太が腐り脆い状態のバルコニーです。

　弛緩した身体は重いので小さい筋肉で持ち上げるのはやめましょう。特に握力は使い切らないようにします。頸部を持ち上げたら両手を肩甲骨あたりに忍ばせて上半身を持ち上げます。

　上半身を持ちあげた勢いで腰椎に向かって片膝を突っ込み起こした上半身を大腿部で支えます。
　身体の胸部で要救助者を前屈させます。
　要救助者の腋窩から胸部に腕を回し、胸を締め付けるように抱えます（以下「チェストロック」という。）。

チェストロックで胸を締め付けながら、要救助者の重心下に両足を置きカエル足のようになり持ち上げ準備します。

要救助者を自分の真下に置き、両足大腿筋で持ち上げます。

[応用]

要救助者が軽い場合は、チェストロックを施す場面で片足（膝裏）を同時にロックし持ち上げます。119ページ⑥までショートカットできます。

要救助者を落とさないために腋窩に入り込み重心を確保しながら、膝を取りに行きます。

持ち上げてからここまで一瞬で終わらせます。

check point
持ち上げた分は少しも落とさない。

膝をパラペットに掛けて体重の10分の1程度をパラペットに預けます。

check point
右手は手の甲を上にすると、掛けやすく、抜きやすくなります。

頭を腋窩から抜きながら要救助者の上半身をパラペット上に預けます。

壁側に身体を預けることにより、持ち上げ重量は減り、次の動きが楽になります。

要救助者をパラペットに押し付けながら重心が落ちないように支えます。

要救助者の逆の体側に身体を入れ替え、膝を取りに行きます。

用語：
パラペットとは：家屋・建物の平らな屋上やベランダ等の外周部に設置された低い手すりのような部位のことを指します。パラペットは別名「胸壁」「扶壁（ふへき）」「手すり壁」とも呼ばれます。

8

もう片方の足をパラペットに掛けに行きます。要救助者の身体が硬い場合などは足を上げる分、逆方向に上半身を下げる（寝かせる）と良いでしょう。

両足がパラペットにかかっている状態なので重心が床からパラペットに移行しました。

パラペットの向こう側は屋外になりますのでチェストロックか腹部を両腕でしっかりつかみます。

9

室内側に落ち込んでいる臀部をパラペット上に乗せます。

check point

高所の屋外際なのでチェストロック又は腰部を両腕で締め付けて安心感を与えます。

また、重心はパラペット上なので重たくはなく確保だけしっかりと利かせている状況です。

結 語

搬送法は、いろいろな方法があると思います。ファイヤーマンズ、パックストラップ、サドルバック、レンジャーロール、古武術などなど。どれもが一徳ありますので体得すべき搬送法だと思います。しかし、それだけでは火災救助にそぐわないので、１人でパラペット上に出せる一つの方法として考案しました。

実戦ではこのまま１人で行うことは想定していません。実戦はより確実に人の重さをわかった隊員同士が搬送することで次の活動も見える余裕が生まれることを期待しており、迅速確実性を見据えています。

動画で確認しよう！

１人救出方法
動画は体重差13kgの重い相手で実施しています。彼のスキルは１時間程のレクチャーを受けた状態です。

１人救出方法（小柄の場合）
要領がつかめたり、相手が小柄の場合、一挙動減らします。

12　はしごまでの救出方法

　パラペット上に座らせた要救助者をはしご上の救出隊員が確保するまでを紹介します。高所にて命の受け渡しですから、シンプルかつ迅速性を重んじています。

　訓練の際、救出はしごとなりますので、はしごを安定した施設にします。

　はしご先端部固定結索を施せるならば、連結部も含めて固定結索を施しておきます。（以下「救出はしご設定」という。）どのロープ結索も救出障害にならないような配置を考慮します。要救助者の確保ロープは利かせ過ぎず、隊員間の障害にならない配意が必要です。

　はしご上の救出隊員は、はしごだけに荷重を掛けることなくパラペット（強固な躯体）を広くつかみ、はしごと自分を十分安定した状況に置き、要救助者を迎え入れます。

　鉄柵などで足を置く場所があるのならば左足は躯体が良いでしょう。この姿勢ははしごが倒れる事がなく、要救助者の受け渡しによって自身がバランスを崩さない姿勢としています。

　また、はしご上救出隊員は、肩の高さとパラペットの高さを同じ位置にします。足を横さんにおいている場合、要救助者を受け入れる側の足を横さん一段分高く上げておきます。要救助者の左足①、頭②の位置に納まります。はしご上救出隊員は左手で①の位置に要救助者の左足を寄せたならば、要救助者の腰を確保します。救出隊員のはしごの踏み代は土踏まずで踏まず、母指球あたりがよいでしょう。要救助者の重さに負けて足が抜けなくなるためです。

　ベランダ上で要救助者を確保している隊員は、要救助者の左肩ははしご主かんよりも屋外側に出しておきます。要救助者の左大腿部がはしご主かんにゴリゴリと当たるくらいはしご側に要救助者を寄せます。

　前記のとおり、はしご上の救出隊員の上記所作を確認出来たら確固たる受け入れ態勢となっていますので合図とともに要救助者の頭部がはしご上の救出隊員の左肩②（121ページ下の写真参照）に乗る様に一気に降ろしします。

　はしご上の救出隊員は受けた腰部を引き寄せ、大腿部に座らせながら両腕で建物躯体を掴み安定を確認出来たら横さんを掴み直します。

check point

　大腿部、腰部が主かんに当たり障害となりますので、それをかわす意味も含めて投げ下ろされる要救助者を左肩で受け流しながらはしごに抑えつけるとよいでしょう。

動画で確認しよう！

はしごまでの救出方法
慣れてくると懐深くに確保できます。

13　より確実なはしごからの救出方法

　難しい状況を敢えて紹介しましたが、はしごの先端位置を変えることにより、もっとシンプルでおススメな方法があります。こちらの方法ははしご車バスケットへの救出でもこの方法を基調にして実施しています。高所において屋内（安全側）から屋外（危険側）に出す活動ですから、安全は確保したい状況です。

　救出優先ではしごの設定が行えるならば、はしごの架梯状況はパラペットからはしごが突き出さないように配慮します。傾斜角を緩くしてでも突出しない方が安全で確実です。

　ベランダ上で要救助者を確保している救出隊員は、チェストロックまたは、腰部をしっかりと確保しているので、要救助者を外側ギリギリに座らせることが出来ており、パラペットに要救助者の体重を置いているので疲れることはありません（120ページ参照）。

　はしご上の救出隊員は要救助者の胸を肩で迎えて上半身を支えます。

　ベランダ上で要救助者を確保している隊員は、はしご上の救出隊員の真正面に位置して要救助者をパラペットから降ろします。

　要救助者の股間部がはしご上の救出隊員の体幹（股関節付根部分）に密着させるように配置します。

　はしご上の救出隊員は四肢を安定させて要救助者をしっかり迎え入れます。

結　語

　高所において屋内（安全側）から屋外（危険側）に出すときに人の命ともなれば安全を確保したい状況です。

　しかし、確保と救出の力が拮抗して無駄な力の掛け合いが力の浪費となり危険活動域に入る可能性はあってはなりません。

　確実に確保している状態から安全に救出する隊員への移行が速やかであれば、それが最大の安全で確実な活動になります。

　また、要救助者に与える影響について、言葉と態度は大きい影響を与えます。要救助者にとって危険な環境である以上、環境を支配している救助者の能力が問われます。高所での長い説明は適当ではありません。無口でも不安を抱きます。明朗で力強い言動を選択しておきましょう。

14　はしごからの救出方法

　はしごから地上に降りるまでの技術を紹介します。梯上から地上まで最高高さ8mになりますが、8mの降梯を救助者は短いとみるか否かがキーポイントとなります。これを攻略すれば、救助者の自信、要救助者の安心度は高まりますので、荒業ですが三連はしごを3往復することで身体学習する方法を紹介します。

　救出はしご設定を施します。

　訓練中は救助者に確保を取ります。

　地上から2、3段上がった片足大腿部に要救助者役の隊員に座ってもらいます。

　要救助者の両脇に腕を通して横さんを握ります。

check point

　この時に両腕で要救助者の胸部を締め付けて確保されている安心感を与えます。

　この身体学習は何も教えずに「登って、降りて、を3往復してください。」と言い放つだけです。

check point

　ポイントは高い横さんを掴み、上半身を持ち上げながら、下半身を大腿部に載せて一段上に登る、を繰り返すことです。

【1往復目登り途中】

　登ることに懸命となりますが、降りたらまた登らなければならないので、どのように登れば良いか身体で考えだします。

　腕や足が疲れ、呼吸は乱れ、相手を救出していることがわからなくなります。

【1往復目降り】

　降りる動作に移行する時の諸注意として、しっかりと横さんを踏むこと、服など引っ掛かりを感じたら止まり、自分で処理することと伝えます。

　はしご横さんの踏み代（しろ）は、深く踏むと重さで足が抜けません。母趾球近辺で浅くしっかり踏む場所を見つけます。

【2往復目】

　滞在する時間が長ければ、疲労困憊となること。引っ掛かりは時間を要することに気付いてもらいます。

　降りの果ての要救助者の姿は、大の字になってはしごを滑っているような恰好になります。

　速やかなので不恰好にはなりません。

　滑り崩れ落ちるような状態となれば、それよりも素早く降梯すればよいのですが、緊急の場合は股間部を膝で堰き止めて上半身をはしごで挟み制動します。

【3往復目】

　指導者が救助者に向かって話しかけても聞こえません。

　正に必死の状態です。

　3段以上登ると確保が必要になることもあります。根を上げてからどこまで上がらせるかは指導者の裁量です。バックアップ必須期間です。

　３往復できたか否かはさておき、体力が回復したら固定はしご（90度）で上りを実施します。腕への負担が高いこと。腕が限界を感じていると何もできない事などを身をもって体感してもらいます。

　５ｍしか登れなくても10ｍまで登ろうが、救助者の体力の儚さに気付かせて、確実という領域を確信してもらいます。

　訓練を終えた救出隊員は、実践の８ｍ降梯はとても短く感じるでしょう。梯体のつなぎ目やはしご幅員変化、踏面付近の滑車の障害、ロープの存在が見なくても把握できている状態が自信につながります。救出隊員は、要救助者に話しかけながら降りられる状態になっています。要救助者が降梯するのを介添えして降梯する方法からの意識喪失状態の要救助者でも準用できますが、訓練中はこの方法が引っ掛かりが少ない（服の損傷が少ない）のでこの方法をメインに実施しています。

動画で確認しよう！

はしごによる救出方法
簡単そうに見えていればと良いと思います

消防現場の記録帳

　人の命を預かる者として高所という危険な場所であれやこれや考えていたのでは、本当に危険です。若い頃、何の技術も持たずに遭遇した救出現場で出来たことは単に「力任せ」でした。出来る限りの力を使って「絶対に落とさない」と誓っていわゆる根性で救出しました。結果として無事に救出できたのですから、失敗ではありません。ですが、次回もそれでいいのかというと良いはずがありません。力を使わず２人目の救出にも対応できる自分の力量や器量をコントロールできる救助者になりたいと考えています。

考　察

　救難活動要領で、救難者の膝を肩に担いだり、側臥位で降梯する方法は市民救出ではなく、救難救出です。

用語：

　ベランダとバルコニーの違いは屋根が「ある」か「ない」か

ベランダとは：室外の専用スペースに出て上を見たとき、屋根が設けられている場合は、ベランダです。屋根となる部分は上階のベランダ部分になることが多く、日本のマンションやアパートにおいては構造上、ベランダが備えられていることが多いです。

バルコニーとは：ベランダとは違い、室外の専用スペースに出て上を見たときに屋根がなく、解放された空間を定義としています。日本ではどちらかといえば一戸建て住宅に多く見られます。

　ちなみに下の階の屋根部分を利用してつくられた屋根のない室外スペースを、ルーフバルコニーと呼びます。屋上などに設けられていることが多く、通常のバルコニーよりも広い空間となるためテーブルなどの家具を置きやすく、開放的な雰囲気を楽しめると人気です。

15　はしご上からの放水活動

　はしご上での放水活動は推奨しません。それは、高所で重量物を扱い、放水による反動力が起こり危険であり、死角が多く有効放水が少ないからです。しかし、当然任務を遂行しなければならない場面もあります。消防劣性時、内部進入不要時または市民へのアピールでしょうか。実戦においてはできる限り、梯上放水ではなく安定した施設に入り込む進入放水を紹介します。

　１番員をノズルマン、２番員を補佐、３番員を確保員とします。

【充水されたノズルを携行し、はしごを登るような場面について】

　登梯者（１番員）は進入する開口部の状況を把握し、登梯します。面体が必要ならば、梯上で作業することはなく、地上で着装することが望ましいでしょう。近づいてから面体が必要だという判断は手遅れです。

　ノズルはたすき掛けはせずに、必要とする側の肩に掛けます。

　２番員は、１番員を補佐する役で１番員よりもスキルの高い隊員を配置します。

　はしごの下部では１番員の肩に掛かった通水ノズルを落とさないために持ち上げるのではなく、肩から落ちないように荷重を掛けます。

　数段登ってからのノズルの受け渡しならば通水ノズルの重みがありますので、この動作は不用です。その後、通水ノズルの自重が肩に乗っていることを確認しながら持ち上げ過ぎずにホースを送ります。

　はしごを確保している３番員は、１番員の登梯で働く反作用を察知し、確保に努めます。そのため保護メガネを着装し、状況を監視します。物が落ちてくる想定をしていましょう。

　※基本は、岩のように動かず上を向いてはいけませんが、私たち隊員はものではなく能力のある人間だと考えています。

【梯上放水】

　放水形状は噴霧形状から始めます。反動力を一方向にしないためです。

　放水姿勢は作業姿勢+はしご転倒防止（上半身か下半身による抑え）が出来ていると放水コントロールが安定します。

　転倒するかもしれない方向に壁など転倒防止策があるのかの環境把握は怠らないようにします。できれば梯上放水をやらなくて済むリスクのない開口部を選択したいところです。

【進入放水】

　進入後に即放水体制をとる場面を想定します。

　放水しながら進入をしなければならないような場面は難易度が高すぎ、進入経路選定ミスです。

　高圧化されたホースはコシが強く、送り過ぎると操作性が落ちてしまいます。

　１番員はノズルを持つのではなくホースを持つ方法も覚えておきましょう。

　筒先を室内投下したならば、ホースを触りながら建物躯体を掴み低い姿勢で一気に入り込みます。

　低い姿勢を保ち進入、ホースを辿りながらノズルを拾いに行きます。はしごの高い所や窓枠を握ると身体の支えができます。
　室内状況は、視認できず、把握はできなくてもしっかりと着地できるまで、身体を支えた場所は離しません。

　2番員によるホースを室内に送り込みのおかげで、良い加減でホースが送り込まれます。
　40mmホースならば任意にホースを折ってコントロールできますが、50mmホースは、コシの強さを活かしながらループをつくり放水準備を整えます。

　2番員は1番員が進入すると同時に適当な量のホースを室内に送り込みます。あ、うんの呼吸は普段から訓練に取り入れたいところです。
　2番員はホースが不用意に動いてはしごを倒す動きをすることを想定しておきます。速やかに開口部の建物躯体に腕を掛けるなりの確保を施し、身体とはしごの確保を行います。

　2番員の建物躯体確保を確認後、3番員は地上での余長ホースをはしご下に手繰り寄せて随時ホース送りの準備を行います。

結　語

　はしご上からの放水要領はチームプレイです。できれば安全な区画から進入したいのですが、濃煙や火炎がある部屋に入り込む判断が必要な場合、進入すれば効果の高い消火活動に変わるのも事実です。

　重くて長い消火器具をチームで使いこなし、臨戦態勢で成果が出るよう訓練をしましょう。

かぎ付きはしご

かぎ付きはしご

1　かぎ（フック）の掛かり方

　かぎ付きはしごは、消防器具の中で活動範囲を広げることができる優秀な消防専用器具です。しかし、現状は使いこなすことが出来ない隊員が増え続けて絶滅危惧資機材になろうとしています。知れば知るほど、使えば使うほど活動範囲が広がります。長尺資機材ですので上部（かぎ側）と下部（基底部側）に分けて説明します。

　フック幅＞パラペットの幅の場合、画像のようにしっかりと掛かり、かぎ付きはしごを最良に使える方法です。

　上部支点として成立しますので下確保員によるものよりも優れた確保となります。

　しかし、この掛かり具合を基底部付近で操作している状態で把握するには慣れが必要です。

　写真左からチタン製はしご、鋼管製はしご、アルミ製はしごとなります。

　間違ったかけ方として、左の写真すべてのはしごのような状態が挙げられます。はしごが落下することはなさそうですが、登梯中に正しい位置に戻った場合、身体や精神への衝撃を多く受けそうですね。

　少しの訓練でこの掛けた感覚は理解できるようになります。

　写真左からチタン製はしご、アルミ製はしご、鋼管製はしごとなります。

check point
かぎ先部に意識しよう！

　アルミ製はしごの場合、かぎ根元部に掛かりやすく、慣れてくると写真左のような「つまみ部」に掛けてしまうようになります。

　ある程度、訓練を積み重ねて出来るようになってくると、さらに小さな突起物に掛ける事ができる（できてしまう）ようになります。主幹を片方ずつ揺するなどで回避できます。チタン製梯子の場合、写真左のようなかぎ根元部に掛かることがあります。

　かぎ先部に意識があると、凸凹も把握できるようになります。
　自分のいる階のサッシ状況を確認して取り組むと把握しやすくなります。
　かぎ先部が掛かれば、はしごの墜落はありません。

　写真左のような平たんな場所にかぎを掛ける場合は、材質を感じ取りましょう。
　このような防水塗装や木材ならば、かぎ先がめり込んで摩擦抵抗が高くなるので滑る恐怖感はありません。

　摩擦のない材質や傾斜がある場合、基底部付近を操作してかぎ部の入り込み方向とはしごの重心を壁側に変えることで登りやすくなります。
　かぎ先部での登梯は特に完全防火着装の場合、かぎが曲がることが考えられます。

　防鳥ネットが張られている場合は、かぎ付きはしごを下階から掛けることができません。時間をかけてもネットが弛むことはなく、ただ時間が嵩み、労務と危険が増大するだけでした。
　カッターを持ち込みましたが梯子上から画像のような行動はとれません。上階から下階に進入する場合ならば可能です。

結　語

　日本でも他国でも火災で必要とされる資機材として、多少の形の変更はありますが、かぎ付はしごは海外でも実装されています。淘汰されたかぎ付（タイプ）はしごもありますが、海外でも現存し活躍しています。使い方を聞いただけで、もしもの時に使えばいいのではなく、もしもの為に使えるように準備しておく方が正解です。カギ部のあり方をしっかりと理解していつでも使えるように維持管理しましょう。

2　かぎ付きはしごの基底部側

かぎを架ける操作は最長で3.6m（3.1m）かぎ部から離れて下部からの操作になります。基底部からしかもかぎ先が見えないブラインド操作は何度も訓練を重ねても身に付くスキルに天井はありません。基底部側の操作方法と登梯方法、作業姿勢、さらに応用架梯法を紹介します。

はじめは地面からの目標物に掛けられるので、立ち位置の自由が利きます。建物に正対できますし、掛ける場所を目視できます。

難点は、１階のみ他の階より階高が高い場合がありますのではじめの一歩から臨戦態勢となります。目安としてかぎ付きはしご長が3.1mで身長180cmの場合、５mの高さまで掛けられます。

高さ５mの位置に掛けられたとしても、地面から基底部までの高さは190cmです。防火装備を纏っていると１人では登れません。

踏み台となる固定物などを見つけて掛ける場所を選定しましょう。少々弱いモノや不安定なモノでも荷重を分散すれば良い手掛かり、足掛かりになります（88ページ参照）。

人梯（82ページ参照）をとりいれるのも良案です。

check point
当直中に行う訓練は、各本部の組織計画に基づいて行いましょう。

はしごを持ち上げる方法を2種類あります。一つは両手で同時にはしごを投げ上げる方法、もう一つは左右交互にはしごを持ち上げる方法です。どちらの方法でも重さ10kg（3.1mは8kg）程度なので出来てしまいますが、重要なのは両主幹を手中に収めている事です。

上部に向かうほど重心は高くなり、はしごのバランスを崩して、前後左右に転倒する可能性が高まります。

check point
バランスを崩したときの回避方法は、主かんが手中にあるので、無理して握り保持せずに両主かんを滑らせて重心を落とせば安定し、危険から回避できます。

安全基準により、つま先登梯を回避するためにステー（突き当て）が付属されています。とても便利で登りやすいのですが、ステーの先に壁がないと使えません。

つま先登梯は、とても不安になりますので内股、外股で登梯すると足を滑らすことなく不安は和らぎます。

結　語

　かぎ付きはしご登はんは、人梯や建物従手登はんと同様に荷重を分散することを心掛けましょう。はしごに全体重を掛ける時間は少なく、高い強度の建物躯体に身を預けることを優先し確度を高めましょう。

3　かぎ付きはしごを使ったベランダから転戦

　かぎを掛ける動作を1回で決めることに集中します。2回、3回のチャレンジは要注意です。それを3階、4階、5階と各階で繰り返すのですから総てを1回で行い、この後に待つメインの消火活動のパフォーマンスを温存します。1回で掛ける重要性に重きを置き確実に掛ける方法を紹介します。

　ベランダから上階のベランダへのかぎ付きはしごを活用する場合、ベランダ内部（安全な施設内）に入り込んでいるので身体の落下危険はありません。

　確実に掛けるため、携行資機材は肩から降ろしてできる限り軽装で臨みましょう。この方法の欠点は、かぎ付きはしごだけが屋外にあるので操作しづらい上に掛ける場所が見えないので自分の命に関わる行動にも関わらずイメージで掛けに行くことです。

　そして、危険度として、画像のようにかぎ先が室内側を向いているとかぎ付きはしごを持ち上げる度に重心は屋外側に傾き操作しづらくなります。

　解決方法として、背掛けという方法で持ち上げていくと重心は屋外に移動することはありません。

　かぎが掛かる高さに到達したらはしごの向きを180度回転します。

　この180度回転動作が手技となりますので、難しいという方もいるかもしれません。

　180度にこだわらなくても片方のかぎの先端が上階のパラペットにかかったら上部支点となります。はしごの仮安定として身に付けておきましょう。

check point

　これらの方法は実施者が安全側にいるのが利点ですが、はしごの操作性は悪いのが難点です。

　パラペットを跨ぐと操作位置が高くなり、屋外に頭部が出るのでかぎを掛ける位置が確認出来て掛けやすくなります。
　ベランダ躯体の強度が確認できるならば、実戦ははしごの両側に隊員を配置して、はしごの転倒を双方から防ぎ、はしごを確実に掛けましょう。

　上下階のベランダでの会話は、写真左のように頭を出さないとお互いに聞こえません。
　会話を確実にするのならば、写真左のような位置か、避難ハッチを開放するのも手段となります。

　状況にもよりますが建物壁体を転倒防止に使うとより確実に架梯できます。
　また、面積の小さい面は、強度が高いので安心を得ることもできます。

check point
　より確実な方法は下半身を決め込み身を外へ乗り出す方法です。訓練を重ねるとこの方法が一番確実軽快で任務遂行に向かいリスクが少ない方法となります。

【ベランダからかぎ付きはしごへの乗り移り】

　はしごに乗り移る時は、安定している座位から屋外に出した足を横さんに掛けて徐々に重心をはしごに移すとはしごを揺らさずに乗り移れます。座位になる前に、携行物を忘れないようにします。

動画で確認しよう！

ベランダからかぎ付きはしごへの乗り移り

　より効率的な方法として、ベランダの角や天井の低さを利用するとバランスのよいスタンスで頭で天井を抑えたこの姿勢は安定します。

　重心は高い位置にありますのではしごの滞在時間も少なく有効な手段です。

check point

　かぎ付きはしごを使って目標階まで何名で上がるかを勘案するとはしごを掛ける任務と資機材を搬送す任務、そして活動を補佐する任務などを分担して効率良く上がることができます。

出来る限り、アルミ柵よりも強度の高い躯体に掛ける事を推奨します。

火災で受熱しているアルミ材は融点が低いので非常にもろくなっています。

ベランダのパラペットは住人の落下防止が主ですが、採光を兼ねて防火ガラスや樹脂系クリアボードが多く使われるようになってきています。採光を兼ねている樹脂系クリアボードは不燃性ではありません。1時間程度の耐力は備わりますが、高熱には弱く、割れたり溶けたりします。

【補足】

「ガラス」は、平成12年建設省告示第1400号「不燃材料を定める件」により、不燃材料とされています。

「樹脂系クリアボード」は、近年では警察等の防護器具で使用される樹脂、ポリカーボネートも不燃性ですが、やはり樹脂なので熱で溶けてしまいます。ただ、ポリカーボネートは着火しても燃え広がらずに自然に消火できる自己消火性を備えています

また、画像のようなベランダだと、かぎ付きはしごを物理的に掛けることはできません。

このような築年数の浅い建物は意匠が入っているベランダや建築物なので一筋縄では火災進入ができません。

しかし、築浅共同住宅は2方向避難が取れていますので、地上から掛けて上がることはせずに水平方向進入や共用階段、廊下側からかぎ付きはしごを搬送して上階から出火階（下階）へ進入する方法などを考慮した戦術を取り入れましょう。

　掛ける場所が柵の場合、上部、下部の使い分けが必須です。火点室に掛けるような事がある場合、少しでも低い方が建物は受熱劣化していません。また、基底部の高さが変化し、登りやすさも影響します。また、柵が経年劣化をしている場合は自分の居る柵で十分な強度確認をしてから掛ける位置を決めるのも一案です。

動画で確認しよう！

かぎ付きはしごによるベランダ転戦
要領（その１）

かぎ付きはしごによるベランダ転戦
要領（その２）
掛け方を変えて訓練しています。

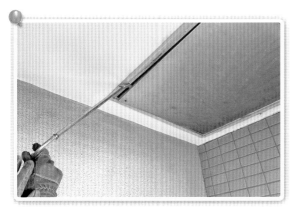

【避難ハッチの逆進入】

　消防隊進入口指定を受けていない避難ハッチでも、火災時はバール１本と人梯で避難ハッチを下側からこじり開けて上階へ進入できます。

　下蓋の隙間や穴にバール先を入れ込み指が入る程度開きます。

　人梯や踏み台を使い、開いた隙間に指を入れます。

　ぶら下がると下蓋は粘りながら壊れ開きます。

　人梯もしくはバールの刃先で降下ボタンを押下すれば、ハッチが降りてきますので上階へ進入できます。

　上蓋を開放する際、チャイルドロック存在、ハッチ上部に雑物が載っている可能性を想定しておきましょう。

　１辺が60cmの開口部なので空気呼吸器を背負っては進入不能です。

　バールでこじ開けれれればほとんどの避難ハッチで進入可能です。

動画で確認しよう！

　避難ハッチの逆進入要領

はしご活用の動機となった共同住宅火災

　共同住宅の火災において、共用階段を駆け上がり、共用廊下を抜けて玄関ドアから進入し、消火、救助を行う進入を第1ルートとします。

　第1ルートは正に正面進入となるので避難者の早期確保や必要な情報が得られる重要な進入ルートとなります。しかし、このルートでさえ難しくさせるのが昭和の高度成長期に多く建造された共同住宅特例の効いた階段室型共同住宅（昭和の団地）です。

　この住宅は、その居室に向かう手段として階段は1つしかありません。そのために火災時には避難者と私たち消火者が重なりあい、情報収集だけではなく、活動が錯そうし混とんとする可能性が高まります。さらに活動スペースは階段室に付随する踊り場程度の共用廊下といえるほどの面積を持たない共用部が存するだけ。煙が滞留し視界を奪われ、活動が制限される上に熱気も拡大するので火元階に辿り着くまでに時間を要する場面が十分考えられます。

　そこに2着隊、3着隊が追従しても人一人が通れるかという状況で身動きできない状態に陥り、消火、救助、避難のすべてが遅延する恐ろしい建物です。

　だから、階段室型共同住宅の第1ルートはメインルートでありながら突破に時間を要する難しい任務ルートとなり得るのです。

　第1ルートを凌ぐ、他の進入ルートはどのようなものがあるのでしょうか。

　まず、出火室隣戸等へつながっている共用ベランダを活用した隣室から水平移動進入や火元上階からの下階進入などをイメージできます。

　しかし、先の階段室型共同住宅の場合などは上階に向かうこともできません。そして単独ベランダの場合、水平移動進入ができません。

　さらに日当たりの良いベランダは景観を優先している場合が多く、車両が進入できないためにはしご車をベランダ側から有効に活用できるパターンは意外と少ないのです。

　現状で考え得る第2ルートは、そのベランダを地上から地道にはしごを掛けて上がる方法が堅実となります。

　第2ルートは第1ルートとは別方向からの進入経路なので複線としても効果があり、筒先包囲体制としても重要な存在です。

　はしご進入は地道ですが、確実で追求すれば迅速ですので有効な進入方法だと考えます。

　しかもこの方法はベランダで手を振って助けを求めている人がいるのならば最優先の進入ルートとなります。

　このように、昭和の時代に多く建った階段室型共同住宅ははしごを使わずしては活動の限界となり得るのです。第2ルートは第1ルートによる進入時間と同等でないと意味はありません。

　この方法をベースにしておくと、他のタイプの共同住宅はもう少し活動しやすくなるでしょう。

4　かぎ付きはしごの室内搬送

　かなりの上層階出火となると、地面からかぎを掛けて登るのではなく、かぎ付きはしごを携行し階段を上るか、ロープで吊り上げた方が効率は良いでしょう。

　新しいマンションは「光庭」や「吹き抜け」が存在しますので共用階段、廊下側の搬送も視野にいれるべきでしょう。取り分けて、単はしごの操作性と長さを活かして室内搬送法を確認します。

　※「光庭（こうてい）」とは光を取り入れるための庭のことで、主に住宅の中心部に設けられる。

check point

　屋外搬送＞屋内搬送＞室内搬送の順序できめ細かい搬送を要します。

　室内は家財にあふれており、窓に置いてある花瓶一つにあたっただけでも倒れ、割れて、濡れて、落下して壊れて…と負の連鎖が拡大します。1人での搬送に慣れていても室内は2人が好ましいでしょう

　室内空間に3.6m（3.1m）の長尺はしごを入れるには「斜め」を駆使します。

　2次元の「斜め」ではなく3次元の「斜め」を活用しましょう。

　物理的な問題なので限界を察知することは比較的早いのですが、開口部を開けると限界は広がります。

　ただし、開口部は無限ではなく、隣家の壁や開口部の外に置かれている花瓶などの物品に気をつけましょう。

5　かぎ付きはしご上での作業姿勢

　75度架梯時の作業姿勢のように、かぎ付きはしごでの作業姿勢を紹介します。壁がない場合は難しくありませんが、壁がある場合ははじめは痛みを伴います。使う場面があるかもしれませんので、事前に掌握しておくとよいでしょう。

　鍵の掛かり具合や壁荷重を把握していないと実行できません。

　足を横さんと壁の間に入れると自分の体重が入れた足にのしかかります。
　靴底か足芯を利用して、足が潰されない位置を見つけます。
　痛みを伴っている以上、落ちることはありませんが、痛みを回避しないと活動ができません。両手を離すことが出来るようになるまで何度も訓練が必要な方法です。

【応用架梯】

　隣接建物階段室または、ベランダから目標屋根に進入する現場で思いつき実践した方法です。

　隣接階段室のパラペットは基底部を置けない形状と狭さで勾配屋根にはかぎを掛ける箇所もない現場でした。

　しかもそのかぎ付きはしごを勾配屋根の棟に掛けて活動したい。つまりパラペットに基底部をロープ結着することができない条件です。

　この場合、パラペットの屋外側端にかぎ付きはしごのかぎ付け根を充てて、逆架梯でOKです。（左の写真参照）

　この方法ならば条件を満たして活動できます。

結　語

　筆者が、消防に入った平成のはじめ頃は3.6mのカギ付きはしごが主流でしたが、現在は２：８の割合で、3.1mのカギ付はしごが大半を占めています。軽くなって取り回しはし易くなりましたが、50㎝の短縮は活動範囲が小さくなったと感じています。

　消防専用資機材も時代の流れで刻々と変化しています。古きを良しとして新しきを知り尽くして次なる資機材も対応していきたいと考えています。

6　「三連はしご」と「かぎ付きはしご」の連携（地上側）

　三連はしごとかぎ付きはしごの複合使用法です。この2つを用いれば一気に4階まで上がれますので、上階での時間と労務負担が軽減されます。ベランダなどの堅牢な施設を使った活動が好ましいのですが、目標まですべて壁面などだと梯上からかぎ付きはしごを活用する場面があります。そのような想定を確実にこなすためのポイントを紹介します。

1．三連はしごにかぎ付きはしごを掛ける

　三連はしごの横さんにかぎ付きはしごを掛けます。地上からかぎ付きはしごを携行する必要はありません。

　登梯しながらピックアップします。

　三連はしごの高い位置の横さんに掛ければ持ち運ぶ時間も減りますし、地切りができているので底突きの心配はありません。

　側面のトラス構造（支かん）に掛けると外しにくいので横さんがよいでしょう。

　かぎ付きはしごを携行する方法は、いくつかあります。

2．腰ベルトにかぎを掛ける

　特に腰ベルトにかけると上半身が自由になり視界は開けます。担ぎやすく、展開しやすいですが不意に降梯するなどした場合に基底部などが底突きすると腰ベルトから外れる心配があります。

3．肩にかぎを掛ける

　容易に掛けられて身体に接触しているので安心感があります。

　すぐにかぎ付きはしごを使う場合におススメです。

4．横さんに肩を入れる

　確実に搬送できます。どの位置の横さんに肩を入れるかによって搬送しやすさが変わります（上から2段目推奨）。頭の位置にはしご先端があると視認障害、活動障害になります。また、底突きした場合、隊員自体のバランスが崩れて怖い思いをします。

check point

　どの方法も掛ける位置（高さ）や場所または向きによって事象は変化します。左右の違いは携行物との兼ね合いや進入口の状況により多大な変化をもたらすので慣れの他に段取りが重要となります。

何らかの要因で背負い資機材と準備されているかぎ付きはしごが同じ片側だった場合、片側に重複して背負うことを避けたいのでどちらかの資機材を反対側に移動したい時の方法です。

写真左は、身体の左側に資機材を背負いながら、左手でかぎ付きはしごを取ろうとしているところです。

資機材ならば梯子と身体の間を通して左右入れ換えることも可能ですが、はしごを反対側に移動する場合は三連はしごの建物側（内側）の空間を使います。

　掌に何かを持ちながら登梯するような活動はありません。

　梯上活動において片手作業はありません。

　底突きとは、かぎ付きはしごを携行しながら降梯している時にかぎ付きはしごの基底部が地面に到着したことに気づかず、はしごが身体から離れたり身体を上方へ突き上げられたりする様です。

　底突きは地面に限らず、三連はしごの横さんなどに当たった時にも同じような症状に陥ります。

　予見していれば良いのですが、不意に喰らうと大事故となります。

結　語

　携行、登梯するだけでもノウハウは存在する事がわかり、頁数をもらいました。いろいろな方法を画像を載せて紹介したかったのですが、皆さんには遠回りしてもらわず必要と思われるものを厳選しています。ここにない方法を挑戦する時は、何かリスクがあると思ってよいかもしれません。

7　「三連はしご」と「かぎ付きはしご」の連携（先端操作）

　梯上からかぎ付きはしごを掛けに行く方法です。高所で高重心による器具操作は難易度も最高峰となります。確実にこなせば、かぎ付きはしごだけで4階まで行くよりも労務負担は軽減されます。

　三連はしごの先端、三連目上からかぎ付きはしごを活用し、さらに上階へ掛けに行く場合、ベランダから掛けに行く時と比べ、目標点を目視できるのは良点ですが、足場は高所でたわむので不安感は絶大で、スタンスの変更はできません。壁が近くなりますがなるべく高く登り一抹の不安も持たずに楽な作業姿勢を作ります。

　写真左は右大腿部で横さんに座り、両足を横さんに置いてリラックスポジションを確保しています。

　重量物を携行し、高所に上がる時の心情は、低い位置での作業姿勢を求めがちですが、それは間違いです。

　その選択が労力を増大させる結果となります。

　三連はしご上での作業姿勢の位置はできる限り高い方がかぎ付きはしごを掛ける位置は近くなりますし、乗り移り、垂直架梯（かぎ付きはしご）の登梯数も減ります。

　携行物をはしごに掛けて置くか開いている開口部に一時置くなど身体から離しておけば肩回りの自由度が増し、活動しやすくなります。写真左下の作業姿勢は作業ベルトで横さんにつないでいます。

check point

　危険を感じる方は確実に危険領域に入っていますのでこの方法（どの段階でも）はやらない事をおすすめします。

152頁上の写真と比較し基底部に近い位置を掴みながら先端が傾いていますので操作が重たくなります。

リカバリーをするにも自己筋力を消費し、危険度は増しますので、アンバランスを生む活動は未然に防ぎましょう。

片手で作業する場合は、力の限界や怖さの表れですので訓練中は両手で行いましょう。

動画で確認しよう！

三連はしごとかぎ付きはしごの１人訓練

三連はしごとかぎ付きはしごを１人で行う訓練模様です。

　写真左のように携行物が障害となり、この幅員分間隔が広くなる場合や、掛ける高さが高い場合など乗り移る位置や間隔、方向は変化します。特にかぎ付きはしご基底部が三連はしご先端部よりも上部にある場合は見ているよりも乗り移りは困難となります。

　乗り移りは出来る限り手と足を同時移行し、両方のはしごが揺れないように乗り移りましょう。

　注意すべき箇所というのであれば乗り移りでしょう。75度架梯から垂直架梯に変わりますので腕の負担が倍増します。

　この期に及んで、手足を滑らすことはありませんが、滑落する場合は手を滑らせます。「危ないぞ」「気をつけろ」の声かけは何だかわからず余計に身体を強張らせるだけなので、「しっかり握れ」が必要な注意喚起となります。

　手を高い位置に掛け、身体を安定させて登ります。ステー（突き当て）を出しておくと足掛かりが確実になります。

最上部の横さんに手がかかる位置まで上った
ならば、横さんに手を掛けず、躯体に手を掛け
ましょう。丈夫なものに身体を預けるに徹しま
す。ここからが本当の火災対応です。

ロープやホースを速やかに降ろして消火、検
索活動につなげましょう。

結 語

この訓練活動の中で膝が笑う（急激な運動をした後などに膝の震えが止まらなくなる）隊員
が出ることがあります。身体が注意信号を出しているのでしょう。

身体確保が無ければできない。器具の落下防止がないと怖い。現場の状況によってやらなけ
ればならないと思っている。

私たちは、このような考え方やはしご訓練を深くやったことのない方々に非番の時間を使っ
て指導してきています。「やらない」と「できない」は同じことで、当面した現場でやったこ
とがない事ができるはずがありません。私はこの活動をできるように案内していますが、「で
きない」と感じて「やらない」と決めてもらうことが安全だとも考えています。

さらに、私が完遂できるのは身体確保や落下防止が無いからできるのかもしれません。それらを
付けると煩わしく、余計に時間と力が掛かり、危険を乗り越える数が増えることを申し添えます。

どちらのはしごもNS基準をクリアした資機材です。補助金を受けるためだけに車載している
のではありません。消防が始まってから使える資機材として常に積載されている資機材です。

現状、指導に当たれる隊員が減っていると思慮します。先ずは環境を変えないとできないと
いう組織もあるかもしれません。その他色々な実状はあるかもしれませんが組織も市民もでき
るものだと思っています。しかし、有志で集う隊員さんでスマートにでき、その先の消火活動
につながる平常心をもって臨める隊員に出会ったことがありません。

「できるようになりたい」と感じたら消防活動研究会【Twitter：@OpenDLab】まで連絡
ください。

8　かぎ付きはしごを活用した火災時のベランダ進入

実戦で培った経験を元にはしごベランダ進入についてまとめてみたので、参考にしてください。

　１番員、２番員、３番員、４番員（機関員）の４人編成。４番員は陽水操作からベランダ下までと広範囲の活動となります。

状況は共同住宅型階段室でベランダはサービス（単体）ベランダ。よって火元階付近まで階段を使って、上階から下階（火元階）に進入やベランダ水平移動進入ができない（初期の共同住宅特例建物）。

　ベランダ面ははしご車進入ができず、地上から地道にはしごを掛けて上がる方法のみが可能な状況

これから、地上から火元まで向かう姿勢を顕わにするために初手のはしご操作は自らが行う。

　その際カギを掛ける行為と確認呼称を大げさに行い、実演を兼ね以降の上階進入は２番員、３番員がはしご操作を実践する旨を伝えておく。

　携行物は40（50）ミリホース２本とノズルをセットした狭所ホース、65ミリホース、分岐媒介、ノズル、小綱、20mロープ、かぎ付きはしごを３人で分担する。

　地面（床面）から携行すると登梯時に引っかかったり、ふらついたり、不安定動作となりやすい。そのため、自らが登梯し携行物をもらい受けて上階に上がる。また、資機材を搬送した際にベランダに投げ入れない（ホースなど長い物は形を崩さない活動が必須）。

　３人目は携行物の忘れ物確認を階毎必ず行う。商売道具を置き去りにすると重労働となり、何のために火元に向かうか分からなくなるので要注意だ。

　２階から３階、３階から４階には２番員と３番員が向かい合ってはしごを転倒させずに協力して４つの目で確認して確実にカギを掛けに行